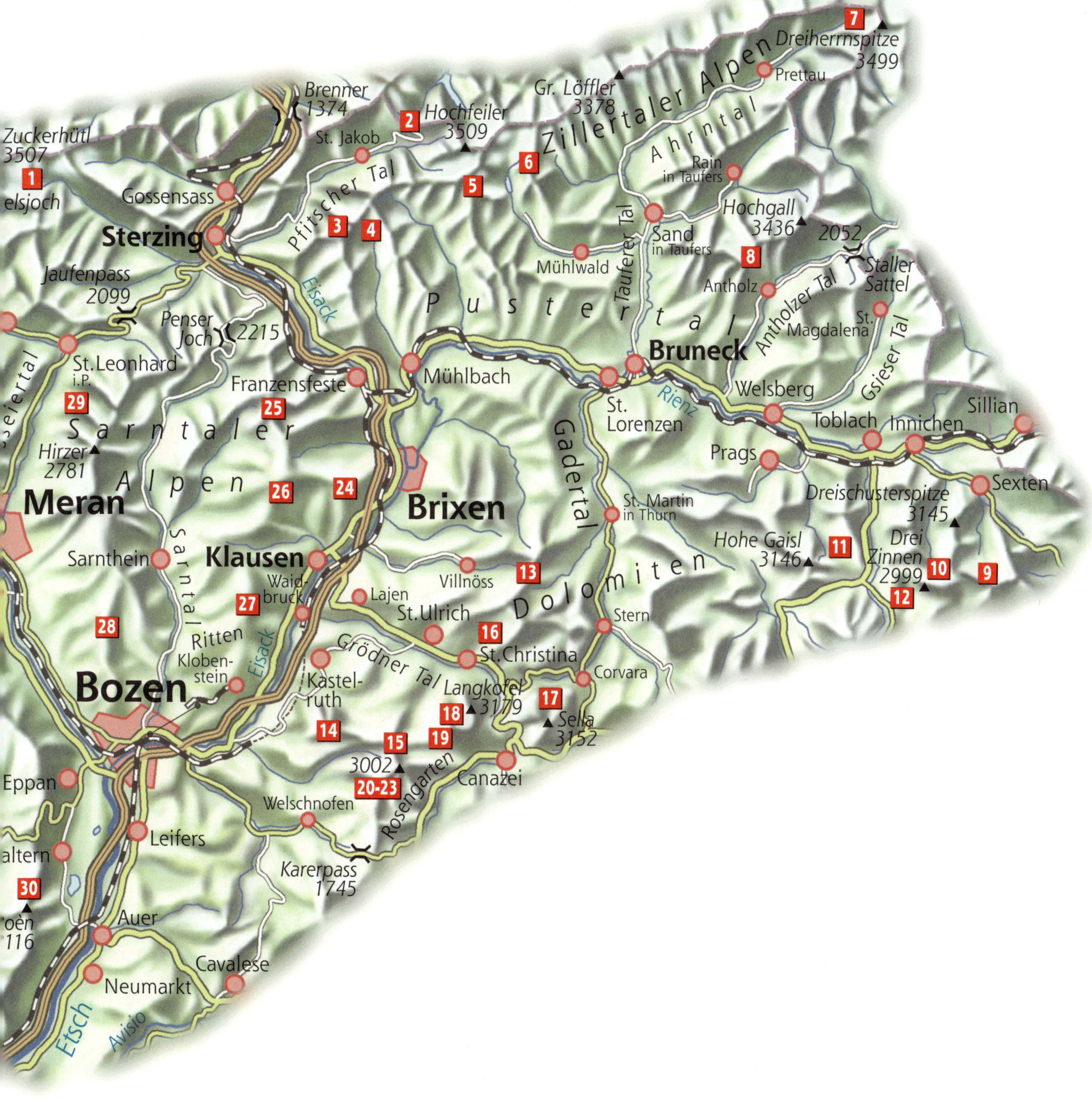
Brenner
1374
Zuckerhütl
3507
1
elsjoch
2
Hochfeiler
3509
St. Jakob
Gr. Löffler
3378
Zillertaler Alpen
Dreiherrnspitze
3499
7
Prettau
Ahrntal
6
5
Gossensass
Pfitscher Tal
3
4
Sterzing
Rain
in Taufers
Sand
in Taufers
Hochgall
3436
2052
Staller
Sattel
Mühlwald
Tauferer Tal
8
Antholz
Antholzer Tal
St.
Magdalena
Jaufenpass
2099
Penser
Joch
2215
Eisack
Pustertal
Bruneck
St.Leonhard
i.P.
Franzensfeste
Mühlbach
St.
Lorenzen
Rienz
Welsberg
Gsieser Tal
29
25
Sarntaler
Alpen
Hirzer
2781
Gadertal
Toblach
Innichen
Sillian
Prags
Sexten
Meran
26
24
Brixen
St. Martin
in Thurn
Dreischusterspitze
3145
Sarnthein
Sarntal
Klausen
Villnöss
13
Hohe Gaisl
3146
11
Drei
Zinnen
2999
10
9
12
Waid-
bruck
27
Lajen
St.Ulrich
Dolomiten
Stern
28
Ritten
16
Kloben-
stein
St.Christina
Grödner Tal
Corvara
Bozen
Kastel-
ruth
Langkofel
3179
17
18
Sella
3152
14
15
19
3002
20-23
Rosengarten
Canazei
Eppan
Welschnofen
Leifers
altern
Karerpass
1745
30
oèn
116
Auer
Cavalese
Neumarkt
Etsch
Avisio

Hütten WANDERN in Südtirol

40 Tagestouren zu den
schönsten Panoramaplätzen

RIF. A. LOCATELLI ALLE TRE CIME
DREIZINNENHÜTTE

Helmut Dumler

Hütten WANDERN in Südtirol

40 Tagestouren zu den schönsten Panoramaplätzen

BRUCKMANN

Inhalt

Wolkenstein im Grödnertal.

Vajolethütte.
Im Hintergrund rechts teilweise der Kesselkogel, links davon der Grasleitenpass.

Schlern von der Seiser Alm; rechts des Massives die Euringerspitze und die Santnerspitze.

Schlernstock (links) mit Euringerspitze und Santnerspitze.

Die Kirche von Tiers auf der Westseite des Rosengartens.

»Eine sehr große Erleichterung und Bequemlichkeit erwuchs den Alpenreisenden, insbesondere den Hochtouristen, durch die zahlreichen Wege- und Hüttenbauten der alpinen Vereine. Die in das Gebiet der Ostalpen fallenden Arbeiten und Errichtungen dieser Art gehören zu den besten und mustergültigsten in der ganzen Alpenwelt.«

Schon 1894 konnte Ludwig Purtscheller, Staralpinist seiner Zeit, dies von einem Teil der Alpen sagen, welcher den Südtiroler Bergraum einschließt. Drei Jahrzehnte vorher waren der Österreichische Alpenverein (ÖAV, 1862) und der Deutsche Alpenverein (DAV, 1869) gegründet worden; 1873 vollzogen sie die Union: DuÖAV. Aufgelöst 1945. Nach dem Ersten Weltkrieg, als das südliche Tirol an Italien gefallen war, enteignete dort der Staat sämtliche DuÖAV-Hütten und übergab sie Sektionen des 1863 ins Leben gerufenen Club Alpino Italiano (CAI).

Für den Standort von Hütten hatte man prinzipiell das unwirtliche Hochgebirge auserwählt. Mancher Erdenfleck wurde aus seinem Dornröschenschlaf gerissen. Primär galt es, Schutz und Unterkunft zu bieten. Dementsprechend spartanisch war teilweise die Ausstattung. Doch schon während der zweiten Hüt-

tenbau-Periode, um 1882, legten die AV-Leute bereits größeren Wert auf diverse Annehmlichkeiten. Im ausklingenden 19. Jahrhundert tauchte dann sogar der Begriff »Luxus« auf. Die »moderne Schutzhütte«, schrieb damals ein Chronist, »bietet Einzel-Zimmer mit Betten – unter welchen Pantoffel stehen –, hat Speisezimmer und weibliche Bedienung«.

Hand in Hand mit Hütteneröffnungen erfolgte der Bau von Wegen, von Zugängen und Verbindungen, gepaart mit Markierungsarbeiten.

Mittlerweile zählen neben Komfort und Aufnahmekapazität – ob Vereins- oder Privathütte – auch ökologische Komponenten wie umweltverträgliche Entsorgung und Energiegewinnung.

Wandern zu Hütten und drumherum – Offerten an Gemütliche und Genießer – stellt eine Spielart des Alpinismus dar und vermittelt eindrücklich die Faszination der Landschaft auf überwiegend unproblematischen Wegen. Darüber hinaus finden Leistungshungrige in den Stützpunkten ideale Startrampen für ein individuelles Höherhinaus. Und welches Land könnte sich dafür besser eignen als Südtirol?

Helmut Dumler

Die Tierser-Alpl-Hütte vor der Kulisse der Roßzähne.

Gegenüberliegende Seite:
Die Ochsenalm oberhalb von Brixen in den Westflanken der Plose.

Akzeptanz der Gefahren beim Wandern

»Immer mehr und mehr gestalten sich die Alpen zu einem großen Erholungs- und Pilgerfahrtziele der modernen europäischen Welt«.

Ebenfalls ein Purtscheller-Zitat – aktuell noch im angehenden 3. Jahrtausend gezielt auf das Freizeitverhalten der Menschen, deren Zahl in den Bergen zunehmende Tendenz aufweist, und von denen einfach zu viele verunglücken: über 50 Prozent wegen Unkenntnis und fehlender alpiner Erfahrung sowie Leichtsinn und Selbstüberschätzung; erst an dritter Stelle rangiert mangelhafte Ausrüstung. Das sind die schwerwiegendsten subjektiven Aspekte, also jene Gefahren, die in der geistigen und körperlichen Unzulänglichkeit der Akteure ruhen. Sie können jedoch durch gewissenhafte Selbstkontrolle auf ein Minimum beschränkt, ja sogar vollkommen ausgeschaltet werden. Ganz anders die rein objektiven Gefahren. Sie bedrohen jeden gleichermaßen, denn ihre Ursprünge liegen alleine in der Gebirgsnatur und werden in den meisten Fällen ohne Einwirkung des Menschen ausgelöst, da sie auf Naturgesetzen beruhen. Der Zustand des Objekts (Fels, Eis, Schnee, Wetter) und dessen Veränderung (Steinschlag, Lawinen, Nebel, Sturm, Gewitter) spielen die ausschlaggebende Rolle. Einziger Schutz gegen objektive Gefahren: Erziehung zur Beobachtung und Erkenntnis der Naturerscheinungen sowie zweckmäßige Ausrüstung und – wenn erforderlich – sorgfältige Sicherung. Es kann auch zu einer Verkettung objektiver und subjektiver Gefahren kommen, zum Beispiel wenn ein objektiv bedingter Wettersturz durch subjektiv falsches Verhalten und unzulängliche Ausrüstung den Unfall auslöst, während er durch rechtzeitiges Abbrechen der Tour vermieden hätte werden können.

Sind solche Mahnungen überhaupt notwendig beim Thema Hüttenwandern bis hin zu Spaziergängen? Fraglos ja! Denn es gibt keinen leichten Weg im Gebirge und auch keinen leichten Gipfel, lediglich einen leichten Rucksack! Freilich sind die beschriebenen Wanderungen fast ausnahmslos völlig un-

Große Zinne, Westliche Zinne vom Hochplateau der Dreizinnenhütte. Links der Großen Zinne (nicht mehr im Bild) befindet sich der Stock der Kleinen Zinne sowie der Paternsattel.

Wanderer auf dem Meraner Höhenweg über Naturns.

schwierig, technisch bewertet, doch schließt dies keineswegs Notfälle völlig aus.

Um von vornherein umständliche und langwierige Suchaktionen zu vermeiden, sollte vor Antritt einer Unternehmung beim Hauswirt, im Hotel, in der Hütte etc. das vorgesehene Ziel und die Rückkehr verbindlich angegeben bzw. im eventuell vorhandenen Gipfelbuch der Weiterweg vermerkt werden.

Der Bergrettungsdienst (ital. Soccorso Alpino) wird in Südtirol vom AVS (Alpenverein Südtirol) und vom CAI (Club Alpino Italiano) ausgeübt, mancherorts unterstützt durch das Weiße Kreuz. Diese Organisationen verfügen über zahlreiche Meldestellen (u. a. Schutzhütten, Carabinieriposten). Notruf: 118 für Notarzt, Flugrettung, Bergrettung kostenlos rund um die Uhr.

Das Alpine Notsignal

- Innerhalb einer Minute wird *sechsmal* in regelmäßigen Abständen, mit jeweils einer Minute Unterbrechung, ein hörbares (akustisches) Zeichen (Rufen, Pfeifen) oder ein sichtbares (optisches) Signal (Blinken mit der Taschenlampe) abgegeben
- Die Retter antworten mit *dreimaliger* Zeichengebung in der Minute.

Um einen schnellen Rettungseinsatz zu ermöglichen, bedarf es kurzer, prägnanter, genauer Angaben. Am besten das »5-W-Schema« einprägen:

- WAS ist geschehen? (Art des Unfalles, Anzahl der Verletzten).
- WANN geschah der Unfall?
- WO passierte der Unfall, wo ist der Verletzte?
- WER ist verletzt oder in Not, wer macht diese Meldung?
- WETTER im Unfallgebiet? (Sichtweite).

Hubschrauberbergung

Der Einsatz von Rettungshubschraubern ist stets von den vorherrschenden Sichtverhältnissen abhängig. Beachten Sie:

- Für eine Landung dürfen im Radius von 100 m keine Hindernisse vorhanden sein.
- Erforderlich ist eine Horizontalfläche von etwa 30 x 30 m.
- Gegenstände, die durch den Luftwirbel des Hubschraubers umherfliegen könnten, sind zu entfernen.
- Der anfliegende Hubschrauber wird von einer mit dem Rücken zum Wind stehenden Person in »Yes-Stellung« (Arme nach oben) bei der Landung eingewiesen.
- Dem gelandeten Hubschrauber nur von vorne und erst auf ein Zeichen des Piloten nähern.

Mit diesen Hinweisen möchte ich beileibe nicht den »Schwarzseher« unken. Gefragt ist Ihr ganz persönlicher Erlebensreichtum!

Gegenüberliegende Seite: Am Aufstieg von der Brixner Hütte ins Rautaljoch an der Wilden Kreuzspitze. Die Grabspitze (in der Mitte des Bildes) ist ein Geheimtipp für die Pfunderer Berge.

1 Becherhaus 3191 m

Am Beginn des Hüttenweges befindet sich die museale Erzaufbereitungsanlage des Südtiroler Landesbergbaumuseums. Ein Besuch lohnt sich.

Im Frühjahr 2001 zog der Psairer Erich Pichler in das »Wolkenhaus« ein: »Für mich hat sich ein Traum erfüllt, nach 12 Jahren Bergführer...«. Erich stammt aus St. Martin im Passaiertal und arbeitet den Winter über als Skilehrer in Sölden. Er bewies schon im ersten Sommer, dass er in der Lage ist, das höchstgelegene Schutzhaus Südtirols, versorgt per Hubschrauber, in der Tradition seiner langjährigen Vorgänger, Elisabeth und Hermann Vantsch, fortzuführen.

»Bergsteigerisch unbedeutend« meint der Innsbrucker Altmeister Dr. Heinz Klier im Alpenvereinsführer über den 3191 Meter hohen Becher, eine Sekundärerhebung im Südsporn des Wilden Freiger. Dieses Urteil wird dem Becher nicht ganz gerecht. Immerhin ist er Sprungbrett für Wilden Freiger, Wilden Pfaff, Zuckerhütl, Sonklarspitze und Königshofspitze und anspruchsvolles Wanderziel, freilich 1800 Meter über und sieben Kilometer Luftlinie vom Ridnauntal entfernt. Die Wegstrecke beträgt etwa elf Kilometer.

Auf dem Becher steht seit 1894 das Becherhaus, als Kaiserin-Elisabeth-Haus am 17. August der Öffentlichkeit nach rund sechsmonatiger Bauzeit übergeben. Das 80 Kilogramm schwere Marmorrelief der Kaiserin schleppte der Träger Rainer an einem Tag zur höchstgelegenen bewirtschafteten Hütte der Stubaier Alpen. »Ein kleines Berghotel mitten in der Gletscherwelt«, schwärmte Johannes Emmer in der Zeitschrift des Deutschen und Oesterreichischen Alpenvereins aus dem gleichen Jahr. Filzbelag dämpfte die Schritte, an den Türen hingen schwere Portieren, die Wände zierten stilvolle Gemälde von Compton und Franz von Defregger. Bauherr war die AV-Sektion Hannover unter ihrem wortgewaltigen Vorstand Prof. Dr. Carl Arnold, nachdem sich keine der damals 118 deutsch-österreichischen Alpenvereinssektionen an das Projekt gewagt hatte, trotz der Zusage von Finanzierungshilfen des Hauptvereins in München. Meister Johann Kelderer aus dem Pflerschtal, Konstrukteur der Tribulaunhütte und Magdeburger Hütte, hatte das Holzgerüst an der Stelle des heutigen Hotels Sonklarhof gezimmert. Es wurde zerlegt, die Balken wurden nummeriert und auf Pferdeschlitten zum Aglsboden transportiert. Von dort ging es mit der Bremsbahntechnik weiter, wie man sie beim Erztransport ausübte, auf dem Übeltalferner benutzte man wieder die Schlitten. Zuletzt kämpften sich Träger bei widrigen Wetterverhältnissen unter den zwölf Meter langen, 80 Kilo schweren Balken, Bausandsäcken und Matratzen stöhnend durch die Becherfelsen.

Steigende Gästezahlen rechtfertigten 1905 einen Neubau, in den sechs Jahre später die Kapelle Maria Schnee integriert wurde, um den Besuchern die Sonntagsmesse zu ermöglichen. Heute läutet die »Europa-Glocke« am Nordgiebel der Hütte zum Gottesdienst.

Die politischen Veränderungen nach dem Ersten Weltkrieg, die Enteignung 1922 und Vandalismus und Plünderungen ließen das einstige Schmuckkästchen hoffnungslos verkommen. Erst 1979 veranlasste der Club Alpino Italiano die Sanierung.

Der Anmarsch wird zum aufschlussreichen Gang in die mehr als hundertjährige Alpenvereins-Hüttengeschichte, und zwar der nordböhmischen, 1886 gegründeten Sektion Teplitz-Schönau (Teplice/ Tschechische Republik). Sie erstellte 1887 die erste Teplitzer Hütte nur ungefähr 30 Meter oberhalb des Ebenerferners, einem Ast des Übeltalferners. Doch das Hüttchen überlebte den Winter nicht, fiel im Mai 1888 einer Staublawine zum Opfer. Unverzagt schufen die Teplitzer Dank großzügiger Subventionen ihres zweiten Vorsitzenden Theodor von Grohmann an gleicher Stelle abermals eine Bleibe: die Grohmannhütte. Zudem entstand eine Gehstunde oberhalb die neue Teplitzer Hütte. Beide wurden am 14. August 1889 eingeweiht. Und als der Schriftführer des Teplitzer Alpenvereins, Prof. Dr. Carl Müller, am Pfaffennieder einen Unterschlupf auf 2,5 mal 4 Meter stiftete, der 1908 von der Erzherzog-Karl-Joseph-Hütte (Müllerhütte) abgelöst wurde, säumten den Becher drei Schutzhäuser der Sektion Teplitz-Schönau. Diese Troika krönte letztendlich das Becherhaus.

Becherhaus

(ital. Rifugio Gino Biasi alla Punta del Bicchiere), 3191 m. Südliche Stubaier Alpen. CAI-Sektion Verona. Tel. 0472/65 63 77, Tel. Tal 0473/64 19 90 oder (mobil) 0043/67 67 02 23 44. Internet: www.becherhaus.com. Winterraum-Schlüssel (6 Lager) beim Hüttenwirt erfragen: I-39010 St. Martin/Passeier, Schmiedgasse 1. Solarenergieerzeugung. Bewirtschaftet Juli bis September. 40 Betten, 60 Matratzenlager, 10 Notlager. Von der Müllerhütte 3/4 Std., von der Sulzenauhütte 4 Std., aus dem Ridnauntal 7 Std.

Touristik

AUSGANGSORT: *Maiern (1372 m), letztes Dorf im Ridnauntal, 15 km von Sterzing (nächster Bahnhof, Autobahnanschlussstelle) am Ende der Asphaltstraße.*

AUSGANGSPUNKT: *Erzaufbereitung (1400 m), 1 km hinter Maiern am Straßenende. Parkplätze. Busse von Sterzing.*

SEHENSWERT: *Erzaufbereitungsanlage des Landesbergbaumuseums. Führungen von Mitte April bis Ende Oktober von Dienstag bis Sonntag 9.30, 11.00, 13.30, 15.00 Uhr.*

INFORMATION: *Tourismusbüro I-39040 Ratschings. Tel. 04 72/75 66 66, Fax 04 72/75 68 89, E-Mail: info@ratschings.org, Internet: www.ratschings.it.*

Längster Hüttenweg der Ostalpen?

Bei der ERZAUFBEREITUNG am Ende des Ridnauntals überqueren wir neben dem hölzernen Wegweiser den Lazzacherbach und folgen der Markierung 9 talein durch den Burgstallwald, begleitet vom Rauschen der Burkhardklamm des Ridnaunbaches. Etwas später folgt man dem Fahrsträßchen. Die Staumauer überqueren wir zum bachreichen flachen AGLSBODEN (1725 m). Wieder bergauf. An der Gabelung halten wir uns links – rechts Untere Aglsalm –, später führt der Weg in Serpentinen zur ebenen Pläne der einstigen Oberen Aglsalm (2037 m). Die nächste Steigung bleibt nicht aus: Parallel zum Bach quert die Route mündende Bachläufe empor zur GROHMANNHÜTTE (2254 m); vom Parkplatz drei Stunden.

Kurz eben dahin. Dann bringen uns steile Kehren in etwa einer Stunde zur TEPLITZER HÜTTE (2586 m). Die Markierung 9 setzt sich über den Hubschrauberlandeplatz zu einem Aufschwung fort: schräg links empor (Seilsicherungen). Danach geht es kurz abwärts, dann steigen wir über Platten zum markanten

Das Becherhaus inmitten einer hochalpinen Szenerie.

Steinmann an. Die Farbzeichen und -pfeile sowie Steinmänner leiten rechts – den Übeltalsee links unten liegen lassend – in schrofigem, stellenweise gesichertem Terrain. Durch Firn, über eine Geländestufe und mäßig abwärts gelangt man bei etwa 2800 Meter an den ÜBELTALFERNER. Zur Teplitzer Hütte ist es jetzt noch eine Stunde.

Ungefähr auf gleicher Höhe erfolgt die Traverse des Ferners zum deutlich markierten Einstieg am Becherfelsen. 35 Minuten später bleibt die Linksabzweigung zur Müllerhütte unbeachtet. Nach weiteren 35 Minuten, teilweise drahtseilgesichert, erreichen wir das Ziel.

Zugabe Wilder Freiger, 3418 m

Hin und zurück etwa zwei Stunden! Ab dem Becherhaus verlieren wir 40 Höhenmeter beim Abstieg in die Scharte am Übeltalferner. Die Gegensteigung beginnt in Gratnähe (links Spaltengefahr!), führt dann auf den Felsgrat und teilweise drahtseilgesichert zum Signalgipfel (3392 m). Links haltend erreichen wir den WILDEN FREIGER. Auf dem Gipfel ist ein Sender von Radio Transalpin.

Hüttenweg-Stenogramm

ANFORDERUNGEN: *Kurze Passagen I- und Drahtseile. Orientierungsprobleme bei Nebel und bei fehlenden Spuren auf dem Übeltalferner. Steigeisen sind erforderlich. Ist der Gletscher aper, erübrigt sich die Seilsicherung; ansonsten ist sie ratsam. Der Gletscherbach ist durch eine Eisenbrücke »entschärft«.*
MARKIERUNGEN: *Rotweiße Farbzeichen, Wegweiser, Steinmänner.*
GEHZEITEN: *Aufstieg etwa 7 Std., Abstieg 4–5 Std.*
STEIGUNG: *1850 m.*
EINKEHR UNTERWEGS: *Grohmannhütte, Teplitzer Hütte (beide CAI-Sektion Sterzing), auch Übernachtung in Betten und Lagern.*
KARTE: *Alpenvereinskarte 1:25 000, Blatt 31/1.*

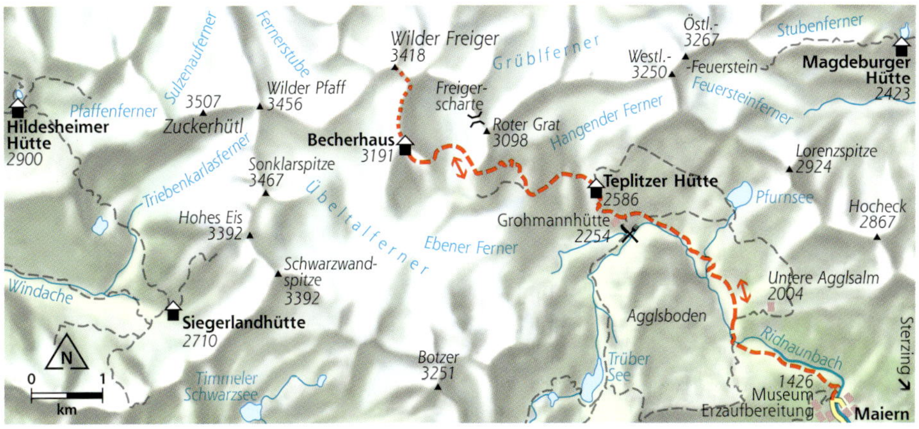

2 Pfitscher-Joch-Haus 2248 m

Pfitscher-Joch-Haus

Berggasthof an der Mündung des Tuxer Kamms in den westlichen Zillertaler Alpen. Tel. 0472/630119, Tel. Tal 0472/767754. Bewirtschaftet Ende Juni bis Mitte Oktober. 30 Betten, 10 Matratzenlager. Von Stein 2 1/2 Std., vom Schlegeisspeicher/Österreich 1 1/2 Std. Im August Kleinbusse ab Sterzing und aus dem Pfitschtal.

Die eiszeitliche Pfitscher-Joch-Seenplatte an der Staatsgrenze zu Österreich in durchschnittlich 2200 Meter Höhe besteht aus fast einem Dutzend Seen, Lacken und Tümpeln in glazialen, das heißt von Gletschern geschabten Mulden. Diese dunkelblauen Himmelsaugen verleihen der ansonsten mit Reizen geizenden Gemarkung ihre unverkennbare Ausstrahlung. An den feuchten Ufern nicken Wollgrasköpfe mit ihren silbernen Fäden im kühlen Wind, der fast ständig um das Plateau streicht. Darüber hockt auf einer stumpfen Kuppe, die eine gute Aussicht bietet, das Pfitscher-Joch-Haus. Das ursprüngliche Haus war 1966 in einer für Südtirol turbulenten und militanten Epoche von »Terroristen«, wie die italienische Lesart lautete, gesprengt worden, um italienischen Soldaten die Basis zu entziehen. Der Neubau von 1980 ist wie das alte Haus fünf Minuten vom Pfitscher Joch entfernt.

An dem 32 Kilometer langen Pfitschtal rollt der Verkehr auf Autobahn, Staatsstraße und Schiene vorbei. Nicht weit von Sterzing erwartet uns auf der Südseite der westlichen Zillertaler Alpen eine noch überwiegend unverfälschte Südtiroler Talschaft, hoch gelegen und von herbem Charakter. Sie bildet eine Gemeinde mit rund 2300 Einwohnern. Wenn man auf der 1933 ausgebauten, asphaltierten Straße taleinwärts steuert, erscheinen ab dem Stausee die Bergeshöhen. Wir passieren die Ortsteile von Außerpfitsch. Rechterhand dominieren die Zacken des Kreuzspitzkamms der Pfunderer Berge, links oben begleitet uns der südliche Tuxer Kamm mit dem hornähnlich emporstechenden Wolfendorn; jenseits lagert die Brennerpassfurche. In St. Jakob zeigt Alois Graf (Hofname »Galler«) seine Mineraliensammlung. Das Pfitschtal, wo 60 verschiedene Mineralien nachgewiesen sind, genießt bei »Strahlern« einen vorzüglichen Ruf.

Von Stein, dem letzten Weiler, schlängelt sich eine elf Kilometer lange, leidlich ausgebaute, nicht asphaltierte Militärstraße hoch in das Pfitscher Joch zum Pfitscher-Joch-Haus.

Verzichten wir auf das Fahrzeug, können wir das Berggasthaus von der Landshuter Hütte über den

Pfitscher-Joch-Haus. Im Hintergrund über dem Stampflkees die Hohe Wand der Zillertaler Alpen.

Hüttenweg-Stenogramm

ANFORDERUNGEN: *Unschwierige Wanderung; kein Schatten.*
MARKIERUNGEN: *Wegweiser, rot-weiße Farbzeichen; nicht überall zuverlässig.*
GEHZEITEN: *Aufstieg 2 1/2 Std. – Abstieg 1 1/4 Std.*
STEIGUNG: *720 m.*
KARTE: *Freytag & Berndt 1:50 000, Blatt S4.*

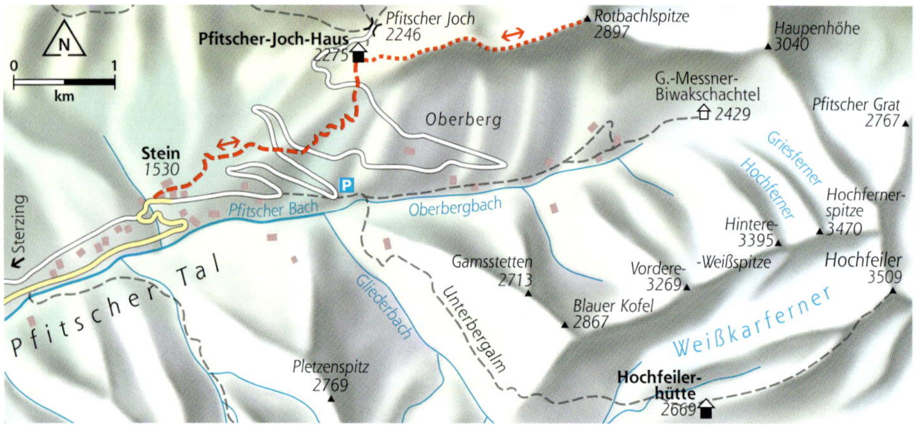

Zugabe: Mineralien und Eisgipfel-Laufsteg

Hämmern und Klopfen ertönen abseits des Weges zur Rotbachlspitze. Mineraliensammler streifen gebeugten Rückens und suchenden Auges hammerbewehrt durch das Gelände. Hier sei eine ergiebige Fundgrube, versichert ein Italiener und wischt sich den Schweiß von der Stirn, hier wie überall, wo Gneise der Schieferhülle entschlüpfen. Hellrote Granate, Kristalline, Turmalin sollen keine Seltenheit sein. Auch Bergwanderer sind unterwegs, üblicherweise zur Rotbachlspitze, die vom Pfitscher-Joch-Haus in 1 1/2 Stunden zu erreichen ist. Ergriffen bewundern sie ab Punkt 2583 Grießferner (links) und Hochferner, die zerrissenen Hängegletscher der Hochfernerspitze, mit 900 Metern die höchsten Eiswände der Zillertaler Alpen. Wie zwei riesige Krakenarme greifen sie aus ihren im Urgestein geschürften Wannen in die Tiefe, oftmals jenen Menschen den Tod bringend, welche die Herausforderung der Spalten und des Séracdschungels annehmen. Hin und wieder ist das Krachen des Eisschlags hörbar. Ein mächtiger Felssporn trennt die Gletscherflüsse voneinander. Zu Füßen des Hochferners kauert, geschützt hinter einem großen Felsblock, die bei konzentriertem Hinsehen erkennbare, 1999 neu aufgestellte Günther-Messner-Biwakschachtel. Das so genannte Hochfernerbiwak memoriert den Villnößer Günther Messner. Er verunglückte 1970 nach der Bezwingung des Nanga Parbat in Partnerschaft seines Bruders Reinhold und blieb verschollen.

Immer wieder den Schritten Einhalt gebieten! Nordwestwärts taucht das Stampflkees auf, das von der lang gestreckten Hohen Wand sowie der auf der Nordseite Furcht einflößenden Sagwandspitze und dem Schrammacher eingerahmt ist. Im Norden lüftet der Olperer seinen Hut, an den sich rechts die Gefrorenen Wandspitzen anschließen.

Am Westrücken durch Felsbrocken lavieren, zu guter Letzt in feinem Geröll und Sand zum Kreuz der isoliert hoch ragenden ROTBACHLSPITZE (2897 m). Ihr Name rührt von der durch bräunlich rote Erde gefärbten Westflanke her.

Landshuter Höhenweg in drei Stunden erreichen, oder wir nehmen den Weg aus dem Tal von Stein aus (2½ Std., siehe unten). Lohnendstes Gipfelziel ist die Rotbachlspitze.

Ohne Auto

Vom Gasthof Stein im gleichnamigen Weiler (1530 m) nehmen wir das Sträßchen zur 1735 erbauten Vituskapelle. Danach links an einem Stadel vorbei und dem Wiesenweg getreu Markierung 3 links haltend hinauf zum Kreuz am Waldrand. Rechts in den Wald. Wenig später rechts über den Steiner Bach und aus seinem steilen Tobel links heraus. An der Weggabelung geradeaus (links Griepalpe, 2037 m) und im Maißwald weiter bergan, nach zehn Minuten über den Arzbach und rechts zur Straße. Sie wird schräg links gequert. Kurz danach stoßen wir erneut auf die Straße. Nun rechts etwa 40 Meter. In der Kurve die Straße links verlassen. Im Zickzack hoch zu den Grashängen, über die die Spur in einer Stunde zur höher verlaufenden Straßentrasse leitet. Im Süden, jenseits des Tales, besticht das markante zweigipfelige Rote Beil; rechts schließen sich Hochsag, Felbespitze und Grabspitze in den Pfunderer Bergen an. Auf der Straße links, nach 50 Metern rechts und zum Jochsee. Am See links vorüber und wieder links zum Pfitscher-Joch-Haus (2248 m).

Touristik

AUSGANGSORT: *Stein (1530 m). Hinterster Weiler im Pfitschtal. Asphaltstraße bis zum untersten Hof, 22,5 km von Sterzing-Bahnhof. Bushaltestelle 900 m talaus. Beim Gasthaus Stein ausreichend Parkplätze.*
INFORMATION: *Tourismusbüro I-39040 Wiesen/Pfitsch. Tel. 04 72/76 53 25, Fax 04 72/76 54 41.*

An der Pfitscher-Joch-Seenplatte. Die Rotbachlspitze lenkt den Blick auf sich.

3 Sterzinger Hütte 2344 m

Obwohl die Hütte 1980 von der Sektion Sterzing des Südtiroler Alpenvereins umgebaut wurde, erschien sie mir heimelig wie ein märchenhaftes Zuckerbäckerhäuschen, das Patina angelegt hat. Die Gastronomie ist liebevoll und preiswert und hält deftige urwüchsige Landesgerichte wie den ausgezeichneten Kaiserschmarrn bereit. Doch reich wird kein Pächter des renovierungsbedürftigen Stützpunkts. Hier sind Idealisten gefragt! Die Sektion muss sogar finanziell zuschießen. Die gemütliche Hütte ist auch deshalb in Gefahr, weil der Baugrund nicht wie bis vor kurzem angenommen Besitz der Forstbehörde, sondern einer Almbauerngemeinschaft ist. Die Unterkunft hat keinen »Namen«, und deshalb bleiben hier auch gottlob kaum einmal Modewanderer über Nacht. Dabei schaut ein überaus gewichtiger Gipfel sozusagen ins Wohnzimmer: die Wilde Kreuzspitze, der Stolz der Pfunderer Berge.

Als man die Sterzinger Hütte 1899 eröffnete, war es vier Jahrzehnte her, daß die ersten Gipfelstürmer zur Wilden Kreuzspitze durch das Burgumer Tal zogen: Anton von Ruthner, Gründungsmitglied und Präsident des in seiner Geburtsstunde 1862 genau 627 Mitglieder zählenden Österreichischen Alpenvereins, geführt von einem Bauern namens Perterer aus Burgum. Wir laufen also auf historischen Spuren zur Sterzinger Hütte und – was ich jedem rate – weiter auf die 3134 Meter hohe Wilde Kreuzspitze, dem Megagipfel der Pfunderer Berge! Bei dieser Gelegenheit und für weitere Hüttentouren ist es notwendig, den alpingeographischen Begriff Pfunderer Berge zu definieren, denn die meisten Touristen können sich darunter kaum etwas vorstellen. Die Pfunderer Berge sind die südliche Untergruppierung der Zillertaler Alpen nördlich des Pustertals bis hin zum vergletscherten Hauptkamm sowie zwischen Pfitschtal und Eisacktal im Westen und Weißenbachtal und Tauferer Ahrntal im Osten. Dieses Gebiet wird in Kreuzspitzkamm, Plattspitzkamm, Wurmaulkamm, Grubbachkamm und Mühlwalder Kamm unterteilt.

Wer kennt die Tropfsteinquellen?

Aufbruch in Burgum (1373 m). Die Pfitschtalstraße östlich verlassen, durch den ländlichen Weiler bergan der Markierung 2 folgen und neben dem rauschenden Wildbach talein. Nach 25 Minuten verweist eine Tafel auf das für Südtirol konkurrenzlose Naturdenkmal Tropfsteinquellen. Die Quellen ergießen sich rechts des Weges über bemooste Felsen, im oberen Teil in Kaskaden – eine Besinnungslandschaft aus Wasser, Grün und dunklem Gestein.

Sterzinger Hütte

Westliche Pfunderer Berge im Pfitschtal. AVS-Sektion Sterzing. Tel. 04 72/64 60 74. 12 Matratzenlager, 8 Notlager. Bewirtschaftet – derzeit vom Pfitscher Oskar Gruber – von Ende Juni bis Anfang Oktober. Aktuelle Auskünfte: AVS-Sektion Sterzing, Moosweg 5, I-39049 Sterzing. Tel. 04 72/76 50 03. Von Burgum 2¼ Std., von der Brixener Hütte 3 Std.

Touristik

AUSGANGSORT: *Burgum (1373 m), Höfegruppe im Pfitschtal, an der Mündung des Burgumer Tales. Von Sterzing (nächster Bahnhof, Autobahnanschlussstelle) 11,5 Kilometer. Bushaltestelle 500 Meter entfernt bei den Häusern von Ried.*

INFORMATION: *Tourismusbüro I-39040 Wiesen/Pfitsch. Tel. 04 72/76 53 25, Fax 04 72/76 54 41.*

Gegenüberliegende Seite: Die Sterzinger Hütte im Burgumer Tal.

Zu Füßen der Wilden Kreuzspitze. Blick gen Süden über den Wilden See zur Domenarspitze und Dreihornspitze.

3 Sterzinger Hütte

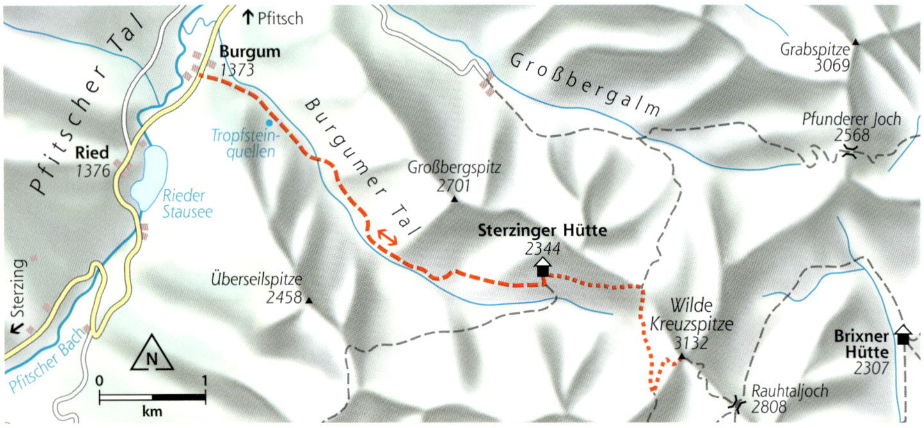

Hüttenweg-Stenogramm

ANFORDERUNGEN: *Unschwierige Wanderung.*
MARKIERUNGEN: *In Burgum Wegweiser, rotweiße Farbkleckse.*
GEHZEITEN: *Aufstieg $2^1/_2$ Std., Abstieg $1^1/_2$ Std.*
STEIGUNG: *980 m.*
KARTE: *Freytag & Berndt 1:50 000, Blatt S4.*

Wenige Minuten später geht es bei mächtigen Felsen links über den Burgumer Bach. Nach weiteren fünf Minuten wendet sich der Hüttenweg links vom Bach ab, wobei sich schöne Ausblicke auf die Rollspitze und das Hühnerspiel im Tuxer Kamm ergeben.

Über dem orografisch rechten Ufer des Baches im lichten Bergwald weiter bergan, vorbei an einer Heuhütte. Auf einem Wiesenpfad über eine Talstufe. Dahinter öffnet sich das Hochtal, in dessen Hintergrund die Wilde Kreuzspitze erscheint. An einer weiteren Heuhütte rechts vorbei, kurz danach links auf einem ausgetretenen Weg über die Wiesen. Rechts, am anderen Ufer des Baches, steht die BURGUMER ALM (1966 m), in deren Umgebung 60 bis 70 Stück Vieh weiden. Über der Alm ragt die Überseilspitze gen Himmel. Zu unserer Linken bäumen sich die Felspfeiler des Großbergs auf. Bald ist das flatternde Grün der Südtiroler Alpenvereinsfahne zu sehen – ein Zeichen, dass es nicht mehr weit ist zur STERZINGER HÜTTE (2344 m).

Zugabe: Wilde Kreuzspitze

Der Hauptgipfel misst 3132 Meter. Gewöhnlich wird allerdings der neun Meter niedrigere Südostgipfel erstiegen. Dort thront das Kreuz, das aus Metallteilen eines am Berg zerschellten Flugzeugs gefertigt ist. Der Aufstieg von der Sterzinger Hütte dauert $2^1/_4$ Stunden. Am Gipfelaufbau ist Trittsicherheit erforderlich. Bei Nässe oder Schnee ist der Weg stellenweise rutschig; Firnreste gibt es bis in den Sommer.

Ab der Sterzinger Hütte weiter talein, schwach links haltend den Farbzeichen folgend durch auslaufende Hänge an der nördlichen Talseite in $^3/_4$ Stunden zum KARJÖCHL (ca. 2650 m) am Übergang ins Großbergtal. Am Joch rechts halten. Der Pfad geht in Schrofen und Geröll über. Mühsam in ein Schärtchen am Südgrat der Wilden Kreuzspitze; von der Hütte $1^3/_4$ Stunden. Links, nördlich am Felsrücken ansteigen, durch ein Felsentörl und über eine Gratverflachung zum letzten Aufschwung, der umgangen wird. Auf der anderen Seite in fünf Minuten zum Kreuz.

An der Wilden Kreuzspitze mit Blick südlich über den Wilden See auf Domenarspitze und Dreihornspitze. Am rechten Bildrand steigt aus der breiten Sengesscharte die Ebengrubenspitze an.

4 Brixner Hütte 2307 m

Gegenüberliegende Seite: Wilder See und Wilde Kreuzspitze, deren Normalweg rechts im Rautaljoch ansetzt und die Südflanke des Berges durchmisst.

Im Hochtalkessel des hintersten Valser Tales erwartet die Brixner Hütte den Wanderer.

Die Gründung des Alpenvereins Südtirol (AVS) nach Ende des Zweiten Weltkriegs 1945 unter Hans Forcher-Mayr brachte eine Art Aufbruchstimmung, ja sogar Euphorie für deutschsprachige Bergsteiger im Süden des alten Tirols. Es dauerte allerdings noch eine ganz Weile, ehe die politischen Verhältnisse und ausreichend finanzielle Mittel den Bau eigener Hütten zuließen. Als eine der ersten Sektionen engagierte sich, den Gepflogenheiten treu bleibend, Brixen, das schon 1875 über eine Sektion verfügte. Man übernahm die 1908 vom CAI errichtete, aber inzwischen verfallene Hütte und schuf 1971/72 eine schmucke, in die Umgebung vorbildlich eingebundene Unterkunft in einem von Bergen gesäumten, nur nach Süden hin offenen Hochalmkessel. Sie ist eine Station auf dem sechs Tage in Anspruch nehmenden Pfunderer Höhenweg zwischen Sterzing und Bruneck. Aus dem Gipfelangebot tritt südöstlich des Schutzhauses die Wurmaulspitze, der »Hausberg« und einzige Dreitausender des gleichnamigen Kammes, in abgerundeten Schieferformen hervor: Der Anstieg ist steil und bei Nässe sehr riskant. Von der Hütte aus nicht sichtbar reckt sich südwestlich die »Königin der Pfunderer Berge«, die Wilde Kreuzspitze (3134 m), empor.

Den gewöhnlichen Hüttenweg aus dem im 13. Jahrhundert besiedelten Valser Tal würzt die einmalige, zauberhafte Fanealm. In einer etwa 1450 verfassten, spätmittelalterlichen Wald- und Flurordnung (»Ötscherbrief«) ist die Fane erstmals urkundlich erwähnt. Der Name soll auf das rätoromanische Wort »phanna« (= Pfanne) zurückgehen und mit dem Ladinischen »Fane, Fanis« gleichzusetzen sein.

4 Brixner Hütte

Brixner Hütte

Pfunderer Berge. Über dem hintersten Ende des Valser Tals, einem nördlichen Seitental des Pustertales. AVS-Sektion Brixen, Tel. 0472/547131, Tel. Tal 0472/547171. Bewirtschaftet Anfang Juni bis Ende Oktober. 8 Betten, 35 Matratzenlager, 5 Notlager. Direkter Zugang von Vals 2¹/4 Std., von der Sterzinger Hütte 3 Std.

Die für Südtirol einzigartige Fanealm am Aufstieg von Vals zum Wilden See oder direkt zur Brixner Hütte.

Am Südrand des Almdörfleins leuchtet das Weiß der 1898 von der Familie Masl, die ein ansprechendes Hotel in Vals führt, gestifteten Marienkapelle.

Die Hüttentour wird in der »Schramme« fortgesetzt. Diese klammähnliche, tief eingeschnittene Schlucht des Valser Baches verlor ihre Ursprünglichkeit 1987 mit dem Bau des Almgüterfahrweges. Vorher gab es links oberhalb einen luftigen, mit Drahtseilen gesicherten Steig. Doch was der Hüttenwanderung einen besonderen Reiz verlieh, war den Hüttenpächtern, der Familie Oberhofer, verständlicherweise ein Dorn im Auge. Nun rollt der Nachschub auf einer Trasse!

Ortskundige kennen neben dem direkten Zugang eine andere Route zur Hütte. Diese ist zwar länger, führt dafür aber am Wilden See vorbei, der in die untere Schieferhülle eingelagert und das größte natürliche Gewässer der gesamten Zillertaler Alpen ist. Je nach Standort leuchtet der Wasserspiegel lichtgrün bis tiefblau. Es sei ein »brüllender See«, was sich bei Tiefdruck durch brodelnde Blasenbildung äußere, ein Phänomen und Schauspiel der Natur, das von Wissenschaftlern noch nicht befriedigend geklärt werden konnte. Nördlich baut sich in fliehender Perspektive die Wilde Kreuzspitze auf.

Der lange Weg

Am Ortsende von Vals vom Parkplatz aus auf dem Sträßchen talein. Nach 20 Minuten ist der gurgelnde Stilonbach erreicht. Nun merklich steiler über den so genannten »Ochsensprung«, bei den älteren Einheimischen als »Gföll« berüchtigt wegen des abgestürzten Viehs. Die Sage erzählt von einem »Temperhund«. Er habe den Hirten schreckliche Angst eingejagt und die Tiere scheu gemacht, vor allem am dritten Septembersamstag beim Almabtrieb. Dagegen halfen bloß Lärm und Masken, um lauter und hässlicher zu sein als der Dämon.

Hinauf zum »Erstögge«, wie die Valler die Höhe der Barriere nennen, hinter der die Fanealm (1739 m) noch etwa zehn Minuten entfernt liegt. Stärkung gegebenenfalls in der Jausenstation Zingerle. Vom Parkplatz aus 50 Minuten.

Der Fahrweg mündet eine Viertelstunde später in die »Schramme«. An ihrem Ende wenden wir uns links und folgen der Markierung 18. Am Seebach entlang gelangen wir in einer halben Stunde zu der 1956 erbauten Labesebenalm (2138 m), wo insgesamt etwa 280 Tiere weiden. Am Turbinenhäuschen für die Stromversorgung rechts über den Seebach. Vor dem Almgebäude links und im Talhintergrund schwach rechtshaltend. Nach 30 Minuten unterhalb eines wasserfallähnlichen Wildbaches vorbei, über ein Bächlein und linkshaltend hinaus auf weitläufige Weidewiesen. Dort rechts halten, auf deutlichen Pfadspuren in einer Dreiviertelstunde zur Ruine einer kleinen Hirtenunterkunft aus Bruchsteinen. Etwa 100 Meter danach Acht geben! Die Route setzt sich auf dem linken (oberen) Hangpfad fort, obwohl die Farbmarkierungen nicht eindeutig darauf hinweisen. Der Pfad wird vorübergehend etwas felsig und sehr exponiert. Danach abwärts in eine kleine Wiesenmulde und den Wegweiser beachten. Links Gegenanstieg in einen Sattel und hinunter an den Wilden See (2532 m). Von der Fanealm drei Stunden.

Am Ufer rechts, um eine felsige Ecke, und auf einem Steindamm den Abfluss überschreiten. Anschließend rechts hoch zu einem Wiesenrücken. Jenseits etwas absteigen, dann wieder bergauf mit ausgeprägtem Weg in das breite, schneebedeckte Rautaljoch (2808 m).

Die Tour vom Parkplatz in Vals bis in das eine Stunde vor der Brixner Hütte gelegene Joch dauert etwa $4\frac{1}{2}$ Stunden. Für den Aufstieg zum Kreuz auf dem Wilde-Kreuzspitze-Südostgipfel kommt nochmals eine Dreiviertelstunde dazu.

Abstieg jenseits des Rautaljochs in das Rautal über das noch im Hochsommer vorhandene Firnfeld. Etwa 20 Minuten unterhalb des Jochs gabeln sich die Wegspuren. Wir halten uns den Farbzeichen folgend schwach links, hin zum ebenen Hochtalboden »In der Pfann«. Schwach rechtshaltend. Ein Markierungsblock wird gestreift. Der Serpentinenweg senkt sich über eine Steilstufe. Hinaus zur Brixner Hütte (2307 m).

»Schlussspurt« auf Fahrwegen über die Fanealm zum Parkplatz in Vals.

Touristik

AUSGANGSORT: *Vals (1354 m). Hoch gelegener Fremdenverkehrsort, Ortsteil von Mühlbach (8 km, nächster Bahnhof), Busverbindungen.*
AUSGANGSPUNKT: *Parkplatz (1390 m), ab Kirche 2,5 km nördlich talein von Vals-Kirche.*
INFORMATION: *Tourismusbüro I-39037 Mühlbach. Tel. 0472/849467. Fax 0472/849849. E-Mail: muehlbach-vals-spinges@dnet.it.*

Hüttenweg-Stenogramm

ANFORDERUNGEN: *Tagestour. Stellenweise Trittsicherheit und Schwindelfreiheit erforderlich. Bei Nässe oder Schnee an einigen Passagen rutschig.*
MARKIERUNGEN: *Wegtafeln, rotweiße Farbzeichen.*
GEHZEITEN: *Aufstieg zur Brixener Hütte (ohne Wilde Kreuzspitze) etwa $5\frac{1}{2}$ Std., Abstieg $1\frac{1}{2}$ Std., inklusive Wilde Kreuzspitze insgesamt etwa $8\frac{1}{2}$ Std.*
STEIGUNG: *1450 m.*
EINKEHR UNTERWEGS: *Fanealm, Jausenstation Zingerle.*
KARTE: *Freytag & Berndt 1:50 000, Blatt S4.*

5 Edelrautehütte 2545 m

Es muss natürlich nicht der Hochfeiler, der mit 3509 Metern höchste Gipfel der Zillertaler Alpen sein, wenngleich für seine Besteigung die Edelrautehütte sehr günstig und landschaftlich reizvoller als die 1986 eröffnete Hochfeilerhütte liegt. Die vierstündige Tour – selbstredend mit Eisausrüstung – über die Untere Weißzintscharte führt anfangs als »Trampelpfad« über den Gliderferner. Auch der Weiterweg ist bei gutem Wetter einwandfrei zu finden. Nach einer Weile begegnen wir Bergsteigern, die von der Hochfeilerhütte aufgebrochen sind. Am Gipfelgrat bzw. auf dem Firngrat sind in der Regel Stufen eingetreten, bei Vereisung ist dieser Abschnitt sehr unangenehm. Eventuell muss man in die Südflanke ausweichen!

Das Schutzhaus bildet den Schnittpunkt wichtiger Wanderrouten. Der Pfunderer Höhenweg – sechs Tage von Sterzing nach Brixen – führt hier vorbei und der Neveser Höhenweg setzt an zu seiner langen, fast vierstündigen Traverse durch die Südflanken des Zillertaler Hauptkamms in Richtung Nevesjochhütte bzw. kommt von dort her. Die kürzeste und gängigste Hüttenroute (680 Höhenmeter) führt von dem 1964 in der Talweitung der vormaligen Nevesalm fertig gestellten Nevessstausee durch das Pfeifholder Tal, der längere und abwechslungsreichere Anstieg (1080 Höhenme-

Blick aus dem Eisbruggjoch bzw. von der Edelrautehütte südöstlich zur Rieserfernergruppe mit dem Hochgall links im Hintergrund.

ter) schwingt sich im hinteren, urwüchsigen Pfunderer Tal über den Eisbruggsee auf. Wer außerhalb der Bewirtschaftungszeiten eintrifft, findet neben der Hütte im offenen Bivacco Enzo Miglioranza eine zufriedenstellende Unterkunft. Der Name Edelrautehütte datiert aus dem frühen 20. Jahrhundert, als die Wiener DOeAV-Sektion Edelraute den Stützpunkt am Eisbruggjoch schuf. Die Hütte wurde nach dem Ersten Weltkrieg wie alle deutschen und österreichischen Alpenvereinshütten in Südtirol von Italien enteignet. Im Zweiten Weltkrieg wurde sie teilweise zerstört. Die CAI-Sektion Brixen eröffnete den Stützpunkt im Jahr 1950 neu, der bislang letzte Umbau erfolgte im Jahr 1991.

Grandios ist der Blick südöstlich in den Naturpark Rieserferner auf die breite Masse des vergletscherten Hochgall; rechts davon stemmt sich der ebenso dominante Schneebige Nock in die Höhe.

Rund 200 Meter tiefer als die Hütte ruht apart in tiefblauer Schönheit der bis zu 20 Meter tiefe Eisbruggsee. Dort hat sich bereits vor rund 3400 Jahren ein Mensch aufgehalten, wahrscheinlich ein Jäger. Das bewies der Fund eines Bronzedolches. Solange wirkt die Familie Weissteiner aus Niedervintl freilich noch nicht am Eisbruggjoch. Aber immerhin feiert sie im Jahr 2003 ihr 30-jähriges Hüttenwirtsjubiläum.

Edelrautehütte

auch Eisbruggjochhütte (ital. Rifugio Ponte di Ghiaccio), 2545 m. Zillertaler Alpen. Im Eisbruggjoch, westlich des Nevesstausees. CAI-Sektion Brixen, Tel. 0474/653230, Tel. Tal 0474/869013. Bewirtschaftet letzte Juniwoche bis erste Oktoberwoche. 47 Matratzenlager, 2 Notlager. Im Winterraum (Bivacco Miglioranza) 25 Lager. Vom Nevesstausee knapp 2½ Std., von Dun 3 Std., von der Brixener Hütte auf dem Pfunderer Höhenweg über das Brenninger Biwak etwa 11 Std.

5 Edelrautehütte

Hüttenweg-Stenogramm

ANFORDERUNGEN: *Unschwierige Wanderung.*
MARKIERUNGEN: *Hölzerne Wegweiser, rotweiße Farbzeichen.*
GEHZEITEN: *Aufstieg 3 Std., Abstieg 1 3/4 Std.*
STEIGUNG: *1060 m.*
KARTE: *Freytag & Berndt 1:50 000, Blatt S4.*

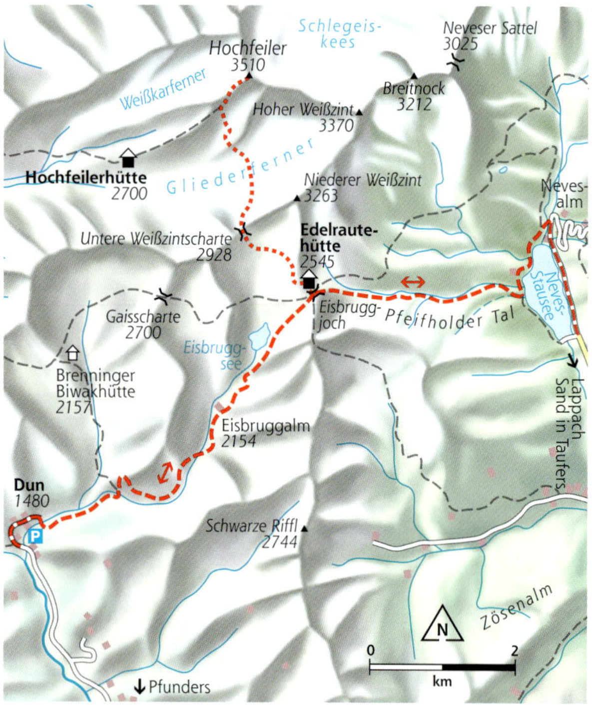

Vom Nevesstausee

Vom Parkplatz am Ostufer des Nevesstausee (1860 m) entgegen dem Uhrzeigersinn etwa eine halbe Stunde um den See auf die Westseite. Dort am Südufer eines Wildbachs, bei Markierung 26 ansteigen. Nach 20 Minuten den Wald- und Buschgürtel zurücklassen. Das Pfeifholder Tal tut sich auf. Über den Hochtalboden in den geröllerfüllten Hintergrund und dort in einer Dreiviertelstunde zur Hütte.

Zugabe: Über den Eisbruggsee

Von den Parkplätzen (ca. 1500 m) bei Dun auf dem Sträßchen 20 Minuten ansteigend zum höchstgelegenen Anwesen, dem Walderhof (1608 m), zu dem früher eine Badestube mit 1,5 Grad kalter Heilquelle gehörte, später eine urige Einkehr. Unter der Scheuneneinfahrt hindurch zu einer kleinen Holzhütte. Das Holzgatter passieren. Links zwischen Holzzäunen und einem Trockenmäuerchen zum nächsten Gatter. Über den Bach zur Weggabelung vor einem Markierungsfelsblock. Wir folgen Nummer 13 rechts hinunter zum Holzsteg des Eisbruggbachs. Am anderen Ufer mündet von rechts Markierung 30 von Pfunders. Links talein. Nach 25 Minuten wieder über den Eisbruggbach. Kurz bergan, dann rechts an Almhütten vorbei in das Hochtal der so genannten »Eisbrugge«. Dort stoßen wir auf den Pfunderer Höhenweg. Zwischen Schaflahner (steiler Lawinenhang) auf der rechten und Tschirn auf der linken Seite geht es zunächst am orografisch rechten Ufer des Eisbruggbachs, später am linken Ufer empor zu den Hütten der Eisbruggalm (2154 m). Vom Parkplatz 1 3/4 Stunde.

Nun durchmisst der Wiesenweg die östliche Talseite. Nach einer halben Stunde gewinnen wir die große Karmulde mit dem 370 Meter langen, bis 250 Meter breiten Eisbruggsee (2351 m), der keinen Zufluss erkennen lässt. Entlang des Ostufers und in 25 Minuten zur Edelrautehütte (2545 m).

Der Eisbruggsee am stillen Hüttenweg aus dem Pfunderer Tal.

Bei der Unteren Weißzintscharte auf dem Gliderferner, dem Beginn des eigentlichen Anstieges auf den Hochfeiler.

Touristik

Vom Nevesstausee:

AUSGANGSPUNKT: *Nevesstausee (1856 m). Von Mühlen/Tauferer Tal 14 km, die letzten 4 km hinter Lappach ziemlich schmal. Im Juli/August Busse. Ab der 95 m hohen Staumauer auf dem Fahrweg etwa 700 m zu den Parkgelegenheiten vor der Schranke.*

INFORMATION: *Tourismusbüro I-39030 Mühlwald. Tel. + Fax 04 74/65 32 20. E-Mail: tv.muehlwald@rolmail.net, Internet: www.muehlwald.com.*

Von Dun:

AUSGANGSORT: *Dun (1480 m), verstreute Höfesiedlung im innersten Pfunderer Tal, Ortsteil von Vintl. Geteerte Zufahrtsstraße (4 km) von Pfunders bzw. vom Gasthof Brugger (Bushaltestelle) talein durch die klammähnliche Schlucht beim Obersteinerhof. Etwas später rechts ein beschilderter Hinweis »Duner Heubadl«. Hier links über den Pfunderer Bach und kurz bergan; links Parkgelegenheit. Die Weiterfahrt ist trotz der seit 1999 geteerten Straße nicht erwünscht.*

INFORMATION: *Tourismusbüro I-39030 Vintl-Pfunders. Tel. 04 72/86 91 00, Fax 04 72/86 92 60, E-Mail: tourismus.vint@rolmail.net.*

6 Nevesjochhütte 2419 m

Die Nevesjochhütte.

Hüttenweg-Stenogramm

ANFORDERUNGEN: *Unschwierige Tageswanderung. Streckenweise Trittsicherheit und Schwindelfreiheit erforderlich; bei Nässe oder Schnee an manchen Passagen bedrohlich.*

MARKIERUNGEN: *Wegweiser, rot-weiße Farbzeichen, einzelne Steinmänner.*

GEHZEITEN: *Michelreiser Alm – Nevesjochhütte mindestens 6 Std., Abstieg 1½ Std. Rückkehr nach Sand per Bus.*

STEIGUNGEN: *Insgesamt etwa 700 m.*

EINKEHR UNTERWEGS: *Michelreiser Alm (Selbstbedienung), Nevesjochhütte, Enzianhütte.*

KARTE: *Mapgraphic 1:25 000, Blatt 16.*

Am Schaflahnernock oberhalb der Nevesjochhütte stürzte 1902 Johann Niederwieser, »Stabeler Hans« genannt, eine der großen Führerpersönlichkeiten seiner Zeit, aus Sand in Taufers im Alter von 49 Jahren tödlich ab, jener Mann der u. a. den mittleren der Vajolettürme, den Stabelerturm, bezwang.

Acht Jahre vorher hatte die Alpenvereinssektion Chemnitz von der Sektion Taufers die Chemnitzer Hütte am Nevesjoch erworben, »um dieselbe neu und wesentlich größer zu bauen«, wie es der Geschäftsbericht der Sektion vorsah, im »Erdgeschoss Gaststube und 2 Schlafräume mit 8, im Obergeschoss 5 Zimmer mit je 2 Schlafstellen«. Damit war ein weiterer Schritt zur Erschließung der Tauferer Berge getan, denn der Stützpunkt lag günstig im halbkreisförmigen Mühlwalder Kamm der Pfunderer Berge zwischen Nevesjoch und dem östlichen Eckpfeiler Speikboden.

Dort gab es seit 2. September 1876 die Sonklarhütte. Sie stand unterhalb des Speikbodengipfels. Die Chemnitzer ließen 1906/07 zwischen den Hütten konform der Trasse eines Jagdsteiges des Herren von Schloss Taufers einen Verbindungsweg anlegen. Diese 13 Kilometer lange, inzwischen klassische Höhenroute trägt den Namen des Gründers und langjährigen (1883–1894) Vorsitzenden der Sektion, Professor Kellerbauer. Die Sonklarhütte wurde nach dem Ersten Weltkrieg von Italienern geplündert und zerstört, die Chemnitzer Hütte enteignet. Irgendwann trat der nomenklatorische deutschsprachige Wandel zu Nevesjochhütte ein, setzte sich gegen Rifugio Giovanni Porro der CAI-Sektion Mailand durch, die als Eigentümerin 1990 einen Umbau veranlasste.

Sollten Sie den kürzesten (uninterssanten) Hüttenzugang vorziehen, dient der Nevesstausee bzw. die Untere Nevesalm als ideale, weil hoch gelegene Startrampe für die 1½-Stunden-Strecke. Der Kellerbauer-Weg ab der Michelreiser Alm neben der Bergstation der Speikboden-Seilbahn ist dagegen eine Tagestour.

Vom Speikboden

Ab der Michelreiser Alm (1974 m) folgen wir zunächst ansteigend etwa zehn Minuten der Skipiste. Danach schlängelt sich Weg Nummer 27 über einen mit Alpenrosen besetzten Rücken, bis es möglich ist, links in einen Kessel zu queren. Etwas später mündet links Markierung Nummer 27a, der alte Zugang für den Kellerbauer-Weg von der Schlossbrücke in Sand; rund fünf Stunden.

Wir vertrauen auf Markierung Nummer 27. An der Gabelung beginnt der Kellerbauer-Weg. Der Speikboden (2517 m) ist zum Greifen nahe! Deshalb rechts halten, vorbei am Vorgipfel zu dem 1967 geweihten Kreuz. Seit dem Start an der Michelreiser Alm sind 1½ Stunden vergangen. Der Blick auf die eisigen Zillertaler Berge im Norden ist herrlich! Nicht umsonst trägt der Speikboden das Prädikat »Rigi von Taufers«.

Erfahrungsgemäß ist man nach dem Speikboden oftmals ganz alleine in unbegangener Topografie, denn die meisten Wanderer steigen vom Gipfel wieder zur Michelreiser Alm ab.

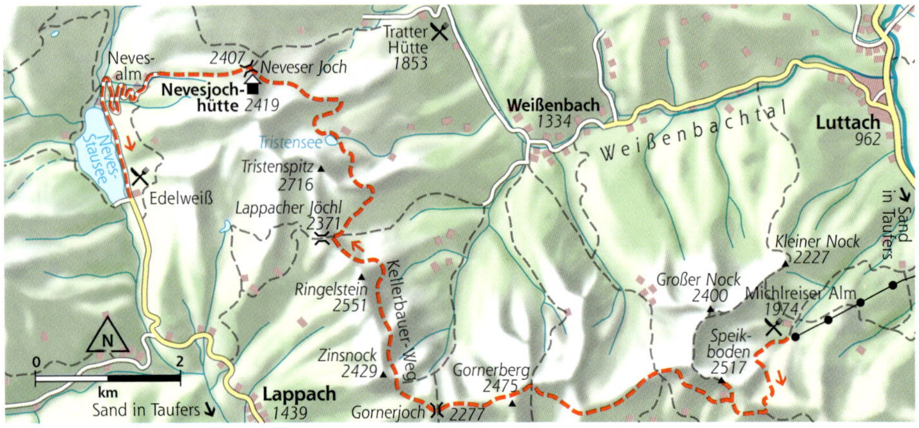

Touristik

AUSGANGSORT: *Sand in Taufers (865 m), wichtigster Ort des Tauferer Ahrntals. Von Bruneck (nächster Bahnhof) Busverbindungen.*

AUSGANGSPUNKT: *Michelreiser Alm (1974 m), privates Berggasthaus im weiten Kessel der Inneren Michelreiser Alm, neben der Bergstation der Speikboden-Seilbahn (Talstation an der Talstraße nördlich von Sand; Bushaltestelle, Parkplätze. Seilbahn-Betriebszeiten von Ende Mai bis Anfang Oktober 9.00–11.45 Uhr, 13.00–16.00 Uhr). Zu Fuß von Sand-Schlossbrücke 3 Std.*

INFORMATION: *Tourismusbüro I-39032 Sand in Taufers. Tel. 04 74/67 80 76, Fax 04 74/67 89 22, E-Mail: info@taufers.com, Internet: www.taufers.com.*

Weiter auf der Höhenroute des Kellerbauer-Wegs. Hinunter zu den überwachsenen Grundmauern der einstigen Sonklarhütte (2420 m). Hier beginnt eine prachtvolle Querung auf passablem Weg durch den Hang des Seewassernocks in das Mühlwalder Joch (2342 m). Von dort Anstieg auf dem Rücken zwischen den Tälern, dann wieder im südseitigen Hang des Stoßkofels zum kleinen Kreuz im Fadner Joch (2457 m). Die Flanken nehmen an Steilheit zu. Im Gorner Joch (2277 m) kreuzen wir einen Übergang, der die beiderseitigen Täler verbindet. Westlich wird der Steinmann auf dem Zinnsnock sichtbar. Aber keine Bange: Unser Weg führt nicht über seinen Gipfel, sondern durch die Nordostflanke. Nach insgesamt 3½ Stunden betreten wir das Wurmtaler Joch (2288 m) und folgen weiterhin Markierung Nummer 27. Wir steigen weiter an, gehen gute fünf Minuten später durch ein Felstor, hinter dem sich ein Kessel öffnet. Wir queren die grasigen Tristenkammhänge und nehmen einen Zickzackpfad steil bergauf. Der schmale Weg durchzieht den Wiesenhang, der unten senkrecht abbricht. Fixseile sichern einige exponierte Abschnitte. Das Lappacher Jöchl bleibt links oben liegen. Nordostwärts, fast eben zu einem felsigen Rücken (2328 m). Jenseits des Rückens in die im oberen Teil geröllgefüllte Mulde östlich der Tristenspitze. Der nächste Rücken vermittelt den Übergang zum sagenumwobenen TRISTENSEE (2344 m), einer einsam gelegenen Örtlichkeit. Nordwestlich können wir das Kreuz auf dem Schaflahnernock sehen.

Rechts im Halbkreis um den See und hinaus zum Rücken der Kranner Schneid. Jetzt begegnen uns einzelne Wanderer und verraten damit, dass wir in der Nähe des Schutzhauses sind. Zu sehen ist es aber vorerst noch nicht. Hinter jedem Rücken halten wir vergeblich Ausschau. Der Hang ist mit Felstrümmern übersät und Altschneereste überleben manchmal den Sommer. Wir gehen ein Blockkar nach dem anderen aus, bis plötzlich die NEVESJOCHHÜTTE (2419 m) ins Blickfeld tritt.

Der Abstieg an den 1964 fertig gestellten NEVESSTAUSEE und der Marsch hinaus zur 95 Meter hohen Staumauer unterhalb der bewirtschafteten Enzianhütte nimmt weitere 1½ Stunden in Anspruch. Dies ist bei der Planung zu berücksichtigen, denn gegen 17.00 Uhr fährt der letzte Bus über Lappach nach Sand in Taufers.

Nevesjochhütte

(ital. Rifugio Giovanni Porro), 2419 m. Tauferer Berge. Südlich etwas oberhalb des Nevesjochs am Übergang vom Weißenbachtal zum Nevesstausee. CAI-Sektion Mailand, Tel. 0474/653244, Tel. Tal 0474/548313. Bewirtschaftet Mitte Mai bis Anfang Oktober. 31 Betten, 30 Matratzenlager, 10 Notlager. Winterraum, Schlüssel beim Wirt Erich Burgmann, Bachrainstraße 5, Sand in Taufers. Vom Nevesstausee 1¾ Std., von Weißenbach 2 Std., von der Michelreiser Alm etwa 6 Std.

Auf dem insgesamt 13 Kilometer langen Kellerbauer-Weg.

7 Birnlückenhütte 2441 m

Birnlückenhütte

(ital. Rifugio Brigata Tridentina), 2441 m. Zillertaler Alpen. Über dem hintersten Ahrntal. Hubschrauberlandeplatz. CAI-Sektion Bruneck, Tel. 0474/654140, Tel. Tal 0474/552217. Bewirtschaftet letzte Juniwoche bis Mitte Oktober. 20 Betten, 30 Matratzenlager. Winterraum mit 6 Schlafplätzen offen. Von Heilig Geist 2½ Std.

Die Initiativen der regen Fremdenverkehrsexperten des Ahrntals und der Landesregierung erfuhren ihren vorläufigen Höhepunkt im Jahr 1996 beim Straßentunnel zwischen Prettau und Kasern in der Eröffnung eines separaten Bereichs des Südtiroler Bergbaumuseums, Schaustollen und Lehrpfad inklusive. Der Kostenaufwand betrug 3,9 Milliarden Lire. Damit entstand eine Attraktion im Rahmen des »sanften Tourismus«, obwohl das Ahrntal als solches ursprünglich geblieben ist, wenn man von zahlreichen Neubauten absieht, welche die Bauernhofkultur optisch verdrängen. Die Hinwendung zum Tourismus ist vergleichbar mit der Goldgräberstimmung der Montanindustrie, die nach 1479 etwa 400 Jahre anhielt. Damals schufteten bis zu 300 Knappen in den engen, muffigen Stollen, bauten Kupfer ab und verhütteten es teilweise. In manchen Jahren rollten 1500 Wiener Zentner (rund 8,4 Tonnen) auf der Straße, vorbei an der Burg Taufers, talaus. Das Ahrner Kupfererz – 99 bis 99,5 Feingehalt – galt als qualitativ bestes in ganz Europa und wurde u. a. seiner Elastizität wegen geschätzt, sodass außer Glocken und Kanonen besonders Draht daraus hergestellt wurde. 1894 verdrängten die Schwazer Gewerke die Prettauer Kapazitäten. Im Tal kehrte wirtschaftliche Not ein. Linderung kam erst kurz vor dem Ersten Weltkrieg, als ein sudetendeutscher Pfarrherr das Spitzenklöppeln importierte. Zwar kurbelte 1957 ein italienisches Bergbauunternehmen den Betrieb wieder an, offenbar ungeachtet der in diesem Jahr erfolgten Stilllegung der 1908 eröffneten Bahnlinie Bruneck-Sand, und beschäftigte 30 einheimische Arbeiter. Im Jahr 1971 war dann aber endgültig Schluss.

Die Hüttenwanderung beginnt in Heilig Geist. An einem riesigen Felsblock lehnt die 1455 geweihte Kirche unterhalb der Talstraße, jenseits des Ahrnbaches in malerischer, fotogener Lage. Die heutige Form besteht seit etwa dem Jahr 1500.

Birnlückenhütte; im Hintergrund die Birnlücke als Grenze zwischen Italien und Österreich, das heißt zwischen Südtirol und Nordtirol.

Zugabe: Lausitzer Höhenweg

Vorinformation: Birnlückenhütte-Höhenweg-Heilig Geist etwa 4½ Stunden bei aperen Verhältnissen.

Von der Birnlückenhütte (2441 m) auf dem Anstieg kurz zurück, dann rechts auf dem schmaleren Weg absteigen in den Bachgraben, der links gequert wird. Hinauf zum eigentlichen Lausitzer Weg (2514 m), dem man links in annähernd gleichbleibender Höhe folgt. Nach insgesamt 1¼ Stunden wird die Route rechts zum Glockenkarkopf (2912 m) angezeigt. Der Italiener Ettore Tolomei (1865–1952) gab diesem Berg den zweifelhaften italienischen Namen Vetta d'Italia. Er erstieg 1904 mit seinem Bruder, zwei Damen aus Trient und dem Prettauer Führer Franz Gasser den »Gipfel Italiens«. Sie deklarierten die Tour als Erstbesteigung, obwohl bekannt war, dass diese 1895 Dr. Fritz Koegl und der Führer Franz Hofer unternommen hatten. Tolomei veranlasste später als faschistischer Senator brachial die vielfach frei erfundene Italienisierung von rund 17 000 deutschen bzw. Südtiroler Orts-, Fluss-, Flur-, Bergnamen.

Auf der Höhe von 2624 Metern geht es nach zehn Minuten zur Einschartung zwischen dem vorletzten und letzten Zacken der auslaufenden Pfaffenschneide. Der Abstieg über die »Teufelsleiter« erfordert alle Aufmerksamkeit, da die Stiege teilweise verfallen und der erdige Boden rutschig ist. Anschließend im Trümmerwerk des Kerrachkars ohne wesentliche Höhenunterschiede, links der felsigen Taurschneide ausweichen, dahinter wieder leicht ansteigend zur 1891 unter Federführung der DOeAV-Sektion Warnsdorf erstellten Warnsdorfer-, ab 1907 Neugersdorfer Hütte (2568 m) bzw. dem 1985 errichteten, unbesetzten Finanzerstützpunkt mit überwachsenem Hubschrauberlandeplatz.

Nordwestlich ist im Zillertaler Hauptkamm der breit gelagerte Krimmler Tauern (2634 m) zu erkennen, seit dem Mittelalter eine wichtige Transportroute zwischen dem südlichen und nördlichen Tirol.

An der Weggabelung gleich nach der Hütte geht es links, hinunter zur Kreuzung mit der Markierung 14 von Heilig Geist. Ab der Birnlückenhütte 2¼ Stunden.

Wir wandern nun auf der historischen, früher durchgehend steingepflasterten Krimmler-Tauern-Route talwärts. Schwach südöstlich bestechen die aus den Karen des Roßhufkamms strömenden Gletscher, links ist die Dreiherrenspitze. Vorbei an einem Brunnen mit einer Madonna. Die verfallene Obere Tauernalm (2024 m) lässt man links liegen. Nach 20 Minuten erreichen wir die im Sommer bewirtschaftete Untere Tauernalm (1861 m). Nach dem Talboden (1723 m) ist es nicht mehr weit nach Heilig Geist (1619 m).

Blick von der Birnlückenhütte über das innere Ahrntal.

Touristik

AUSGANGSORT: *Kasern (1595 m). Bergdorf und Fraktion von Prettau. Von Bruneck (Bahnhof) 41 km. Busverbindungen.*
AUSGANGSPUNKT: *Heilig Geist (1619 m), am Ende der asphaltierten Ahrntalstraße, 1 km von Kasern. Parkmöglichkeit bei den Prastmann-Bauernhöfen (1623 m).*
INFORMATION: *Tourismusbüro I-39030 Prettau. Tel. 0474/654188, Fax 0474/654299, E-Mail: prettau@rolmail.net, Internet: www.prettau.it.*

Hüttenweg-Stenogramm

ANFORDERUNGEN: *Unschwierig.*
MARKIERUNGEN: *Wegweiser, rot-weiße Farbzeichen.*
GEHZEITEN: *Aufstieg 2 1/2 Std., Abstieg 2 Std.*
STEIGUNG: *830 m.*
EINKEHR UNTERWEGS: *Trinkstein, Lahneralm.*
KARTE: *Alpenvereinskarte Zillertaler Alpen 1:25 000. Östliches Blatt.*

Aus der Prettau

Heilig Geist (1619 m). Auf dem Sträßchen (Markierung 13) neben dem Ahrnbach talein. Nach einer Viertelstunde erreichen wir links oben die Jausenstationen »Jagahitte« und Adlerhütte in der kleinen Almsiedlung Trinkstein. Etwa fünf Minuten später passiert man den einstigen Finanzerstützpunkt Trinksteinhütte (1671 m). Rechts mündet das Windtal, wo ein Weg die Lenkjöchlhütte erschließt. Etwa zehn Minuten danach zweigt links steingepflastert der historische Krimmler-Tauern-Trail ab. Wir laufen jedoch geradeaus zur Kehreralm (1842 m). Davor ist links des Weges in der Wiese eine quadratische Ummauerung zu erkennen. Dabei handelt es sich um einen so genannten »Pfarrer«, in dem die Hirten das Vieh bei überraschendem Schneefall oder Unwetter zusammentrieben. Rechts über den Bach und nun spürbarer Anstieg in 20 Minuten zur Jausenstation Lahneralm (1979 m). Von Heilig Geist knapp 1 1/2 Stunden.

Weiter über den rund 500 Meter langen, stellenweise feuchten Bilderbuch-Hochtalboden. Von dort ist die Birnlückenhütte bereits zu sehen. Nach etwa zehn Minuten erreichen wir in Form des Lahnacher Kragens steiles Gelände. Jetzt erfolgt der kehrenreiche, etwa eine Stunde dauernde Endspurt über angelegte Felsplatten und Stufen hoch zur Birnlückenhütte (2441 m). Seit mehr als einem Jahrhundert steht die Hütte von Angesicht zu Angesicht mit der Dreiherrenspitze. An ihrem 3499 Meter hohen Gipfel stießen einst die Herrschaftsgebiete der Salzburger Fürstbischöfe, der Grafen von Tirol und der Grafen von Görz aneinander. Die Normalroute ist bis zum Lahnerschartel einzusehen, indes für Wanderer u. a. wegen der Eisneigung bis zu 40 Grad zu schwierig. Nordwestlich scheidet die Birnlücke an der Staatsgrenze zu Österreich die Venedigergruppe von den Zillertaler Alpen. Ihr Hauptkamm bildet nördlich den Horizont. Dort sei allen Trittsicheren, die den Tag ausfüllen möchten, der Lausitzer Weg empfohlen, ein 1903/04 durch die DOeAV-Sektion Lausitz angelegter, 1985 völlig wiederhergestellter, insgesamt 15 Kilometer langer Höhenweg zwischen Birnlücke und Hundskehljoch. Beliebt sind das Teilstück bis zur ehemaligen Neugersdorfer Hütte unterhalb der Krimmler Tauern und der Abstieg nach Trinkstein.

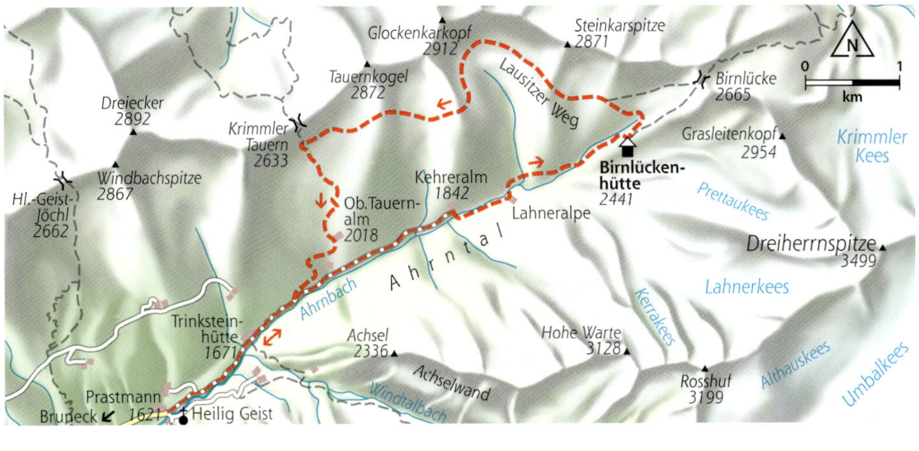

8 Rieserfernerhütte 2791 m

Ist die Hütte erst einmal erreicht, trennen den Bergsteiger nur noch 334 Höhenmeter vom Gipfel der Gelttalspitze (3126 m), dem Hütten-Dreitausender. Doch schon das Schutzhaus im Gemsbichljoch steht auf einer beachtlichen Höhe von beinahe 2800 Metern. Die blitzsaubere, behagliche Rieserfernerhütte verdient in mehreren Bereichen die Bestnote. Gefügt aus Steinmaterial des Gebirges, passt sie ökologisch geradezu ideal in ihre hochalpine Heimat. Die Gastlichkeit ist mustergültig und abgestimmt auf die Erfordernisse des einzelnen Bergsteigers. Ein Schaukasten präsentiert obendrein didaktisch klug die Gesteine der Rieserfernergruppe. Bei der Wahl der Pächter haben die AVS-Sektionen Bozen und Bruneck mit dem Antholzer Gottfried Leitgeb und seiner Familie eine glückliche Hand bewiesen.

In den Annalen des Schutzhauses steht: 1877 Einweihung durch die vier Jahre vorher gegründete DOeAV-Sektion Taufers, die auch aus dem Reintal »einen trefflichen Pfad zu derselben« anlegte. Die Hütte »enthält einen Raum mit Herd und 10 Lagerstätten, unter dem Dache 12 Strohlager« – so lesen wir in der Zeitschrift des Deutschen und Oesterreichischen Alpenvereins. 1893 übernahm die Sektion Kassel den Stützpunkt und »lässt einen Neubau« ausführen. 1903 wurde der mittelfränkische Alpenverein Fürth Besitzer. Im Herbst 1979 erfolgte der von Grund auf neue Mauerbau anstelle der zerstörten Fürther Hütte. Er ist nach Hans Forcher-Mayr, dem Ersten Vorsitzender des AVS-Südtirol nach dem Zweiten Weltkrieg und Ehrenvorsitzenden, benannt.

Gut ein halbes Dutzend Dreitausender sind in unmittelbarer Nähe der Hütte. Da wäre zum einen der Kranz um den Gelttalferner mit Rothwipfel (3073 m), Schwarzer Wand (3105 m), Morgenkofl (3073 m) und Wasserkopf (3135 m). Die Gehzeiten ab der Hütte be-

Hüttenweg-Stenogramm

ANFORDERUNGEN: *Unschwierig, kaum Schatten.*

MARKIERUNGEN: *Wegweiser, rotweiße Farbzeichen.*

GEHZEITEN: *Aufstieg 4 Std., Abstieg etwa 3 Std.*

STEIGUNG: *1280 m.*

EINKEHR UNTERWEGS: *Innere Gelttalalm (während des Sommers Getränke).*

KARTE: *Mapgraphic 1:25 000, Blatt 16.*

Aufstieg im Gelttal. Rückblick zum Großen Mostnock (links) und Durreck.

Rieserfernerhütte mit Magerstein.

Rieserfernerhütte

Am Gemsbichljoch der Rieserfernergruppe. AVS-Sektionen Bozen und Bruneck. Tel. 0474/492125, Tel. Tal 0474/492228. Bewirtschaftet Ende Juli bis Ende September. 20 Betten, 20 Matratzenlager. Winterraum (20 Schlafplätze, Decken, Holzherd) offen. Aus dem Reintal 4 Std., von Antholz-Mittertal 4 1/2 Std.

tragen zwischen 1 1/2 und 2 Stunden, immer abhängig von den Gletschertraversen und dem Vorankommen in unzuverlässigem Fels. Nordöstlich ballen sich Gipfel mit klangvollen Namen wie der Schneebige Nock (3358 m), früher »Ruthner Horn«, nach dem Hochgall (3436 m) die zweithöchste Erhebung der Gruppe oder der vom Hüttenvorbau sichtbare Magerstein (3273 m), die dritthöchste Erhebung. Schließlich die am leichtesten begehbare und nächstgelegene Gipfelverlockung, die Gelttalspitze. »Der an sich recht hohe Berg geht in der unmittelbaren Nachbarschaft von Schneebigem Nock und Magerstein fast völlig unter«, bemerkt Werner Beikircher aus Sand, umfassendster Kenner des Gebietes, in seinem Alpenvereinsführer, »trotzdem wird er als Abstecher von der Hütte und von nicht ausgerüsteten Hochgebirgswanderern ersatzweise gerne erstiegen.«

Großer Trubel wird hier wohl nie einkehren. Davor schützen schon die vierstündigen Hüttenmärsche aus dem Reintal oder aus dem Antholzer Tal, von denen ich den bereits 1891 trassierten Reintalzugang durch das Gelttal vorziehe, weil er gemächlicher ist und fast 200 Höhenmeter weniger zu bewältigen sind.

Die Gelttalroute

Von den Parkplätzen im Reintal auf der Brücke (1520 m) über den Reinbach und rechtshaltend auf dem breiten Weg Nummer 3. Vor der Putzeralm (1539 m) links halten und nun merklich bergan zwischen riesigen Blöcken, die ein Felssturz vom Rastentalnock hinterlassen hat. Lange Kehren führen im spärlich bewaldeten Hang – streckenweise Holzgeländer – über die erste Steilstufe in das idyllische und wunderschöne Gelttal, einen flachen Hochtalboden, etwa 1 1/2 Stunden nach dem Start im Reintal.

Vorbei an der Äußeren Gelttalalm (1995 m) und wieder ein kurzer Anstieg zu der 1983 erbauten Hütte der INNEREN GELTTALALM (2070 m), wo rund zwei Dutzend Rinder eines Bauern aus Aufhofen sömmern.

Wir überschreiten zwei Bachläufe und folgen an der orografisch linken Talflanke dem Hauptweg, der sich alsbald links wendet und die zweite Talstufe bewältigt. Riesige Felsplatten liegen verstreut. Kurz abwärts, halblinks über Bachläufe, stets den Farbzeichen gehorchend. Streckenweise ist der alte »Erlanger Weg« mit Felsplatten ausgelegt. Links schwingt sich die Gelttalspitze auf. Gegen Nachmittag strahlt der rotbraune Gneis warmes Licht aus. Sobald wir einen ersten Blick auf den Gelttalferner erhaschen, ist der wesentliche Anstieg geschafft. Unser Ziel wird sichtbar. Abschließend eben dahin, einen kleinen See streifend, zur RIESERFERNERHÜTTE (2791 m).

Wir befinden uns im Kern der Rieserfernergruppe. Ihre Ausdehnung ist mit etwa 25 000 Hektar eine der kleinsten in den Ostalpen. Davon ist knapp ein Zehntel vergletschert, und zwar nordexponiert. Exakt 20 581 Hektar gehören zu dem 1988 eröffneten Naturpark Rieserfernergruppe.

Zugabe Gelttalspitze

Sie müssen trittsicher sein, etwas »kraxeln« können sowie hin und zurück knapp 1½ Stunden Gehzeit aufbringen:

Hinter der Rieserfernerhütte (2791 m) zunächst auf deutlichen Pfadspuren nördlich und nordöstlich 25 bis 30 Minuten ansteigen. Dann zweigt links (geradeaus geht es zum schwierigeren Fernerköpfl, 3249 m) ein Geröllsteig an den felsigen Gipfelaufbau ab. Trittspuren leiten im Schutt in einer Viertelstunde zur GELTTALSPITZE (3126 m).

Touristik

AUSGANGSPUNKT: *Reintalstraße (1520 m) zwischen Sand (8,5 km) und Rein/Kirche (3,5 km) unterhalb von Haus Bergblick. Parkplätze an der Reinbachbrücke und längs der Straße. Bushaltestelle.*
INFORMATION: *Tourismusbüro I-39032 Sand in Taufers. Tel. 04 74/67 80 76, Fax 04 74/67 89 22, E-Mail: info@taufers.com, Internet: www.taufers.com.*

Bei der Rieserfernerhütte. Gelttalferner und Wasserkopf, links der Morgenkofel.

9 Zsigmondy-Comici-Hütte 2224 m

Die Zsigmondy-Comici-Hütte.

Touristik

AUSGANGSORT *Sexten (1320 m), Fremdenverkehrsort im gleichnamigen Tal, 7,5 km von Innichen (nächster Bahnhof), Busverbindungen. Von Cortina d'Ampezzo 44 km. Von Bozen 116 km.*
AUSGANGSPUNKT: *Hotel Dolomitenhof (1460 m), 3 km südlich von Sexten im Fischleintal am Ende der Autostraße. Gebührenpflichtige Parkplätze. Busverbindungen.*
INFORMATION: *Tourismusbüro I-39030 Sexten. Tel. 0474/710310, Fax 0474/710318, E-Mail: sexten@rolmail.net, Internet:www.dolomitisuperski.com.hochpust.*

Hüttenweg-Stenogramm

ANFORDERUNGEN: *Unschwierige Wanderung, kein Schatten.*
MARKIERUNGEN: *Wegweiser, rotweiße Farbzeichen.*
GEHZEITEN: *Aufstieg 2½ Std., Abstieg 1¾ Std.*
STEIGUNG: *770 m.*
EINKEHR UNTERWEGS: *Talschlusshütte, auch 18 Matratzenlager.*
KARTE: *Mapgraphic 1:25 000, Blatt 19.*

Rifugio Zsigmondy Comici« ist an der Hüttenfront zu lesen. Emil Zsigmondy, 1861 in Wien geborener Medizinstudent, prägte mit seinem ein Jahr älteren Bruder Otto und dem gebürtigen Innsbrucker Turnlehrer Ludwig Purtscheller die Anfangsepoche des führerlosen Bergsteigens, erklomm u. a. im Jahr 1884 erstmals ohne Führer die Kleine Zinne. Im Jahr darauf, fünf Tage vor seinem vierundzwanzigsten Geburtstag, stürzte er infolge eines Seilrisses an der Meijesüdwand in den Tod.

Emilio Comici (1901–1940) aus Triest, lebte in Misurina als Bergführer. Er gehörte zu den Pionieren des Sesto Grado (Sechster Schwierigkeitsgrad), war ein Ass unter den Assen, als er im Jahr 1933 sensationell erstmals die Nordwand der Großen Zinne bezwang. Comici verunglückte an einem Übungsfelsen bei Wolkenstein. Trotz Versuche politisch linker und »grüner« Kreise, Comicis Biografie wegen seiner Parteinahme für Mussolini (1940 Bürgermeister von Wolkenstein) zu ächten, blieb er eine Lichtgestalt des italienischen Alpinismus.

Die Hütte scheint von weitem betrachtet mit dem rund 650 Meter hochragenden Zwölfer zu verschmelzen, einem »Feengebilde, zu dem der Wanderer sprachlos hinaufblickt«, wie Emil Zsigmondy schrieb. Er betonte mit Nachdruck die Notwendigkeit eines Stützpunkts in diesem Teil der Sextener Dolomiten. Doch erst nach seinem Tod konstruierte der Architekt Heinrich Koechlin, Seilgefährte Zsigmondys an der Kleinen Zinne, im Auftrag des DOeAV eine unbewirtschaftete Holzhütte mit zwei Räumen auf einem Steinsockel. Wachsender Zulauf erforderte 1901 eine Vergrößerung. Weiteren Zustrom brachte im Folgejahr die Eröffnung des Weges über das Büllelejoch zur Dreizinnenhütte. Vor Ausbruch des Ersten Weltkriegs 1914 hatte das österreichische Militär in der Hütte ein Munitionsdepot eingerichtet. Es flog durch italienischen Beschuss in die Luft. 1929/30 erstellte die CAI-Sektion Padua eine neue Unterkunft: Rifugio Mussolini. Nach dem Zweiten Weltkrieg bekam die Hütte im Jahr 1947 den Namen Rifugio Zsigmondy-Comici. Im offiziellen deutschen Alpenvereinshüttenverzeichnis heißt die Unterkunft »Zsigmondy-Hütte«, die Bergsteiger sagen einfach »Zsigmondy«.

Die beliebteste und attraktivste Tour, die an der Zsigmondy-Comici-Hütte startet, ist unter geübten Wanderern der Alpinisteig. Etwa die Hälfte aller Ankömmlinge entscheiden sich für diese Route, registriert der Hüttenwirt Klaus Happacher. Auch die Begeher des Dolomitenhöhenwegs 5 von Sexten über annähernd 90 Kilometer nach Pieve di Cadore setzen in der Hütte gerne ihre Rücksäcke ab und genießen ein verspätetes Frühstück.

Aus dem Fischleintal

Südlich von Sexten entfaltet sich in parkähnlicher Anmut der Fischleinboden. Zur Frühjahrs- und Frühsommerzeit ist er ein Blütenteppich zwischen Lärchengrün, im Sommer neben den Drei Zinnen ein überlaufener Tummelplatz von Ausflüglern aus nah und fern, begrenzt und gesäumt von vielgestaltigen Felsformationen: massig bis feindifferenziert, abgestumpft, türmereich. Der Fischleinboden ist die verheißungsvolle Ouvertüre. Den Hintergrund des Tals überragt scheinbar himmelberührend die 800 Meter hohe Einser-Nordwand, die selbst an Sonnentagen düster wirkt.

Ab dem Hotel Dolomitenhof (1460 m) laufen wir 25 Minuten zur Talschlusshütte (1548 m), wo das Altensteintal und das Bacherntal münden. Während durch Ersteres ein Weg zur Dreizinnenhütte führt, schwenkt unsere Wanderung nach einer Viertelstunde links, den Altensteiner Bach überschreitend, ins Bacherntal ein und steigt an der Markie-

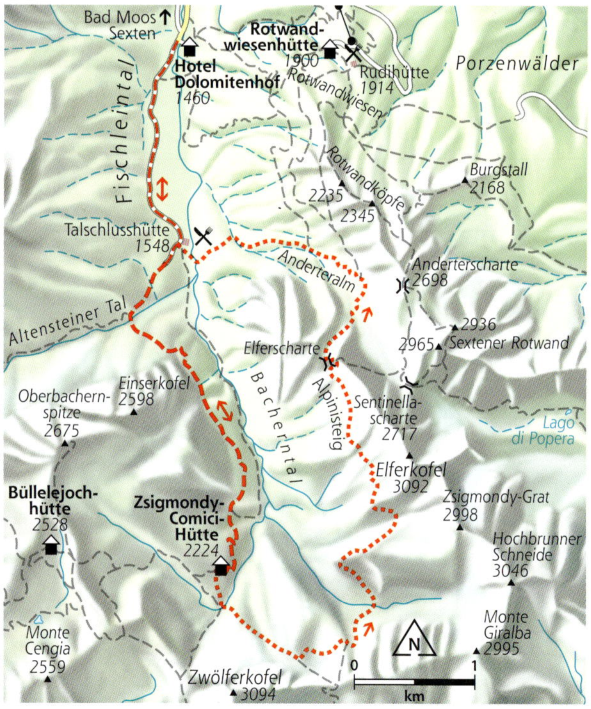

Zugabe: Via degli Alpini

Die italienische Bezeichnung Via degli Alpini verschweigt die tatsächlichen Anforderungen. Der Weg der Alpini ist ein Steig der »Alpini«, ausgebaut im Kriegsfrühjahr 1916 unter Capitano Giovanni Sala. Sofern schneefrei und alle Drahtseile installiert und brauchbar sind, stellt er ab Anfang Juli für trittsichere und schwindelfreie Bergsteiger kein Problem dar. Ohne Sicherungen – wie ich es einmal erlebte – ist die Route dagegen mit voll gepacktem Rucksack heikel und anspruchsvoll.

Ab der »Zsigmondy« etwa 30 Minuten in Richtung Giralbajoch. Vor dem kleinen Eissee (2328 m) links zum Alpinisteig, dessen Verlauf bis in die Elferscharte nun klar vorgezeichnet ist. Abstieg in ein oftmals noch im Sommer schneegefülltes Kar und links haltend (Markierung 122) zur Talschlusshütte. Ab der Zsigmondy-Comici-Hütte etwa vier Stunden.

rung 103 kehrenreich durch Krummholz. Östlich schält sich der Elfer aus dem Kamm zwischen Rotwand und Hochbrunnerschneid. Es handelt sich um einen so genannten »Uhrzeigerberg« der Sextener. Urlauber können ihre Quarzuhr danach stellen: Wenn die Sonne während einer bestimmten Jahreszeit und von einem bestimmten Standpunkt aus betrachtet über dem Elfer, dem Neuner, dem Zehner, dem Zwölfer oder dem Einser steht, entspricht dies der jeweiligen Tagesstunde.

Etwa eine Stunde oberhalb der Talschlusshütte kommt der Zwölfer mit seinem Hauptgipfel (3094 m), dem östlich davon hochragenden Kleinen Zwölfer und dem Kleinsten Zwölfer, hinter dem die drei Zwölfertürme hervorspitzen, zum Vorschein. Am Hohen Leist erkennt das bloße Auge unter dem Gipfel die dunkle Schussöffnung einer italienischen Kaverne, die gegen das Bacherntal gerichtet war. Die Serpentinen enden bei der Zsigmondy-Comici-Hütte (2224 m), unserem Ziel.

Zsigmondy-Comici-Hütte

Sextener Dolomiten, zu Füßen des Zwölfers. CAI-Sektion Padua, Tel. 0474/710358, Tel. Tal 0474/710413. 40 Betten, 40 Matratzenlager. Bewirtschaftet Mitte Juni bis Anfang Oktober. Winterraum (6 Lager) offen. Aus dem Fischleintal 2½ Std., von der Dreizinnenhütte 2 Std., von Auronzo 5 Std.

Weg zur Zsigmondy-Comici-Hütte im Anblick der Nordabstürze des Zwölfers.

10 Dreizinnenhütte 2405 m

Touristik

AUSGANGSORT: *Innichen (1147 m), im Hochpustertal an der Mündung des Sextentals. Bahnhof, Busverbindungen.*
AUSGANGSPUNKT: *Parkplatz Antoniusstein (1500 m). Im Innerfeldtal, 4 km von der Staatsstraße Innichen-Sexten, Bushaltetelle an der Straße. Von Bozen 110 km. Von Lienz/Österreich 42 km.*
INFORMATION: *Tourismusbüro I-39038 Innichen, Tel. 0474/913149, Fax 0474/913677, E-Mail: info@innichen.it, Internet: www.innichen.it.*

Im »höchsten Himmel der Dolomiten« vermeinen Italiener zu schweben, wenn sie sich den Drei Zinnen quasi voller Augenlust hingeben. Das unvergleichliche Dreigestirn, dessen Nordwände bis zu 500 Meter senkrecht und überhängend hochschnellen, bildete gewissermaßen den Motor für den rasanten Höhenflug der Dreizinnenhütte: Im Jahr 1883 wurde sie von der DOeAV-Sektion Hochpustertal eröffnet, drei Jahre später kam bereits der erste Anbau, 1891/92 eine wesentliche Erweiterung aus Mauerwerk. »Innen vertäfelt und enthält jetzt den Wohnraum mit Herd, Vorrathskammer, Schlafzimmer für Herren mit 4, Damenzimmer mit 3 Betten, unter dem Dache Schlafraum mit 5 Strohsacklagern und Führerschlafraum mit 6 Lagerstellen«, resümierte 1894 die Zeitschrift des Deutschen und Oesterreichischen Alpenvereins. Im Jahr 1897 erfolgte nochmals eine Erweiterung. Zwei Jahre danach übernahm Sepp Innerkofler, Sextener Bergführer und bester Kletterer im Zinnenfels, die Hütte. Schließlich bot die »Drei Zinnen-Hütte« (Stempel von Innerkofler) 40 Betten und 15 Matratzenlager. Vor dem Ausbruch des Ersten Weltkriegs an der Südfront stationierte Hauptmann Jaschke Einheiten seines IX. Marschbataillons des Landesschützenregiments III in der Dreizinnenhütte und im Alpseehotel an den benachbarten Bödenseen. Dreizinnengipfel, Paternsattel und Paternkofel wurden die Frontlinie. Um 8.45 Uhr des 24. Mai 1915 eröffneten österreichische 9-cm-Kanonen auf dem Schwalbenkofel das Feuer. Tags darauf schossen die Italiener vom Paternsattel die Zinnenhütte in Brand. Sepp Innerkofler fiel im Range eines Oberjägers am Morgen des 4. Juli 1915 bei dem Versuch, den von einer italienischen Feldwache gehaltenen Paternkofel zu nehmen. Einer seiner Kampfgefährten, der Bergführer Hans Forcher, kam damals mit einem Oberschenkel-Steckschuss davon und bewirtschaftete ab 1920 als Ersatz für die zerstörte Dreizinnenhütte und das Alpseehotel eine ehemalige Militärbaracke am Toblinger Riedel. Aber nur wenige Wochen später verjagten die »Walschen« (Tiroler Schimpfwort für Italiener) Forcher-»Schanni« mit dem fadenscheinigen Vorwurf, er habe ein Tiroler Lied mitgesungen ... Der schüchterne Versuch der Hochpustertaler, einer kleinen Hütte Leben einzuhauchen, endete nach zwei Jahren mit der Enteignung durch die Faschisten. Erst der Schulterschluss der CAI-Sektionen Bozen und Padua – die Bozener übernahmen zwei Drittel der Kosten – schuf 1936/37 das heutige Schutzhaus. Als nach dem Zweiten Weltkrieg ein Neuausbau des Rifugio Antonio Locatelli anstand, erledigten dies die Paduaner in Eigenregie. Man vertraute 1949 dem Sextener Bergführer Josef Reider und seine Frau Anna, die zuvor ein Jahr die Zsigmondy-Comici-Hütte bewirtschaftet hatten, die Pacht an. Sie sind noch immer die offiziellen Wirtsleute, assistiert von Sohn Hugo, promovierter Jurist, und dessen Familie. Mehr als ein halbes Jahrhundert Hüttenwirte: Anni und Beppi, ihr seid ein Denkmal wert!

Am leichtesten und schnellsten führt der Weg von Süden auf dem »Prozessionsweg« ab den Parkplätzen beim Rifugio Auronzo, vorbei am Rifugio Lavaredo und über den Paternsattel, zur Dreizinnenhütte. Dieser Weg ist die Versorgungsroute des Schutzhauses. Weitere Aufstiegsmöglichkeiten gibt es aus dem Fischleintal, dem Höhlensteintal bei Landro oder aus dem Innerfeldtal, meinem Lieblingsweg: Die Route dauert eine Stunde länger als vom Fischleintal durch das Altensteintal (siehe auch Tour 9), aber sie ist, wie ich empfinde, eindrucksvoller und stiller!

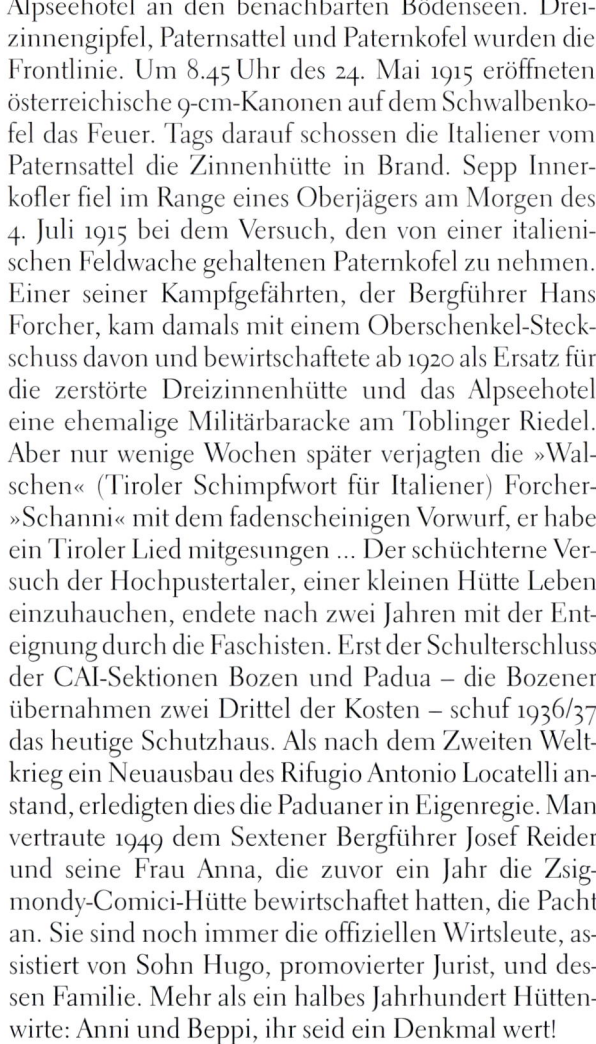

Paternsattel und Drei Zinnen bzw. Preußturm (vorne), Große-Zinne-Nordwand (rechts) und »Gelbe Kante« der Kleinen Zinne (links).

Aus dem Innerfeldtal

Das Innerfeldtal gleicht der Form eines Hufeisens, nach Norden offen. Am östlichen Rand des Innerfelds, auf einem geräumigen, ebenen Talboden, steht seit 1975 die Dreischusterhütte. Dahinter ragt die markante Dreischusterspitze empor. Nordwestlich gipfelt der zerrissene Stock des Haunolds, der Sage nach ein zu Fels gewordener Riese. Er habe beim Bau der Innicher Stiftskirche die schweren Quader auf seinem Rücken geschleppt. Nach der Vollendung des Gotteshauses, als Haunold weiterhin die ihm versprochenen Unmengen an Speis und Trank forderte, sollen ihn die undankbaren Innicher erschlagen haben. Eine angebliche Rippe des Riesen hängt noch heute über dem Haupteingang in der Kirche.

Vom PARKPLATZ beim Antoniusstein (1550 m) im Innerfeldtal schlendern wir in 30 Minuten zur DREISCHUSTERHÜTTE (1626 m) der AVS-Sektion Sexten, anschließend bringen uns weitere 30 Minuten in den Hintergrund des gewaltigen Troges auf die Bastion des Morgenkopfes zu. An der Gabelung links, passend zu Markierung 105 und dem Dolomitenhöhenweg 4 von Innichen über rund 80 Kilometer nach Pieve di Cadore, von den Italienern »Alta Via di Grohmann« genannt: Der Name ist eine Reverenz an den Wiener Dolomitenerschließer Paul Grohmann (1838–1907), der 1869 als Erster die Große Zinne erstiegen hatte.

Über die erste Steilstufe und auf die orografisch linke Bachseite. In der Ostflanke des Morgenkopfes in mehr oder weniger langen Kehren steiler empor. Weiter oben über karge Karrenböden und durch Geröll in das GWENGALPENJOCH (2446 m). Hier haben wir die Drei Zinnen erstmals vor Augen: »La fantastica Trinità«. Nun abwärts – links der Felsturm Toblinger Knoten – eine Viertelstunde zur DREIZINNENHÜTTE (2405 m).

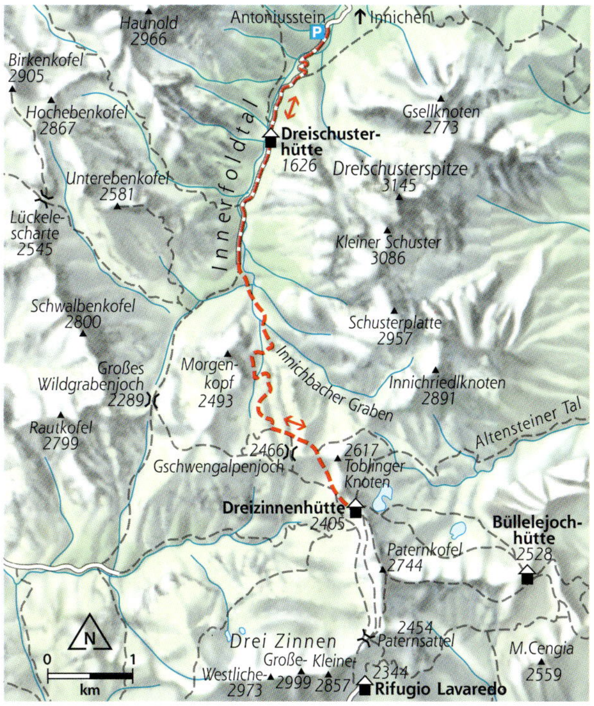

Hüttenweg-Stenogramm

ANFORDERUNGEN: *Unschwierig, stellenweise steil und luftig, bei Nässe oder Schnee unangenehm.*
MARKIERUNGEN: *Hölzerne Wegweiser, rotweiße Farbzeichen.*
GEHZEITEN: *Aufstieg 4 Std., Abstieg 3 Std.*
STEIGUNG: *950 m beim Hinweg, 50 m beim Rückweg.*
EINKEHR UNTERWEGS: *Dreischusterhütte, bewirtschaftet von Juni bis Oktober, auch Übernachtung.*
KARTE: *Mapgraphic 1:25 000, Blatt 19.*

Dreizinnenhütte

(ital. Rifugio Antonio Locatelli), 2405 m. Sextener Dolomiten. Auf dem Toblinger Riedel im Angesicht der Drei Zinnen. CAI-Sektion Padua, Tel. 0474/972002, Tel. Tal 0474/710347. Bewirtschaftet Anfang Juni bis Ende September. 50 Betten, 100 Matratzenlager; Winterraum (6 Lager) offen. Aus dem Innerfeldtal 4 Std., aus dem Fischleintal 3 Std., von der Auronzohütte 1½ Std., von Landro 3 Std.

Touren-Drehscheibe nördlich der Drei Zinnen: Dreizinnenhütte. Im Hintergrund Sextener Stein (links) und Toblinger Knoten.

11 Dürrensteinhütte 2040 m

Die Dürrensteinhütte.

Gegenüberliegende Seite: In der Plätzwiesen-Vedute triumphiert die mächtige Gestalt des Dreitausenders (3146 m) Hohe Gaisl.

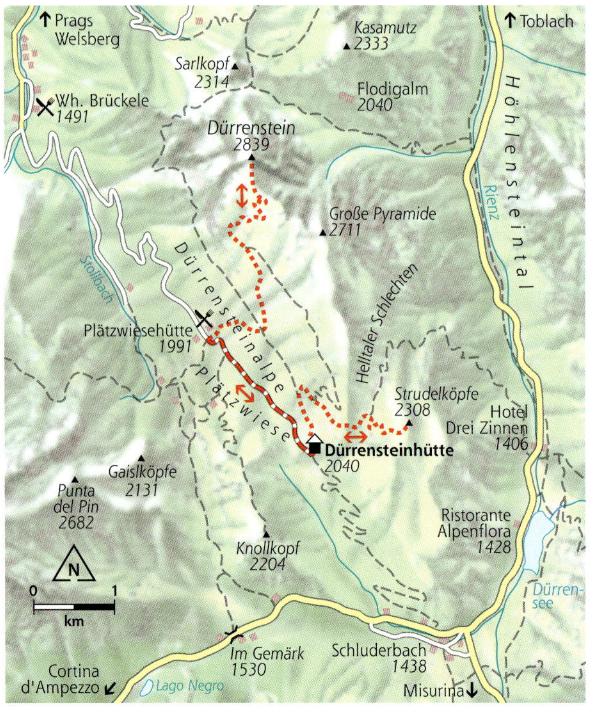

Hüttenweg-Stenogramm

ANFORDERUNGEN: *Weg zur Hütte fast eben und unschwierig. Markierung: Wegweiser.*
GEHZEIT: *Hin und zurück 1 Std.*
STEIGUNG: *50 m.*
KARTE: *Mapgraphic 1:25 000, Blatt 19.*

Die rund 2000 Meter hoch gelegenen Plätzwiesen gehören zu den wahren Glanzstücken der Dolomiten, zu einem privilegierten Vorzeigerevier des 1980 gegründeten, 25 680 Hektar großen Naturparks Fanes-Sennes-Prags. Dort ist das »Pflücken oder Mitnehmen jeglicher Art von kraut- oder staudenartigen Pflanzen sowie das Sammeln von Pilzen« verboten, betont eine Naturschutzverordnung.

»Pletces« erscheint 965 in einer Urkunde für die breite Furche. Ausgedehnte Almwiesen in weichen kupierten Formen, durchsetzt von Zirben und Lärchen, bilden eine wunderbare Bühne für die gigantische graue und rötlichbraun flammende Kulisse Hohe Gaisl im Südwesten. Starke Kontraste! Durch die Mulde strömte während der letzten Eiszeit das Zentralalpeneis gen Süden, wovon der teilweise Hochmoorcharakter zeugt. Frühmorgens und zum Abend hin herrscht unendliche Ruhe. Längst ist das infernalische Krachen schwerer Kaliber italienischer Artillerie verhallt, die während des Ersten Weltkriegs vom Cristallokamm feuerte, sowie das der 15-Zentimeter-Batterie und des 10-Zentimeter-Langrohrgeschützes des Deutschen Alpenkorps auf der Strudelalpe. Gegenüber der Dürrensteinhütte verfallen die Ruinen des Panzerwerks Plätzwiese, das beispielhaft ist für österreichische Sperrforts der Zeit von 1880 bis 1890. Die Bestückung des vor Kriegsbeginn 1915 desarmierten Werks bestand aus 15-Zentimeter-Panzermörsern sowie elf 8-Millimeter-Maschinengewehren. Die Mörser wurden in Strudelalpe-Feuerstellungen verlegt. An das Fort stoßen bergseitig betonierte Infanteriekampfstellungen. Während tausendfacher Granatenhagel den einfachen Landser zerfetzte, blieb das k.u.k. Stabsquartier an der Stelle des Hotels Hohe Gaisl nach einem Sonderstatut der Armeen ebenso wie das italienische am Misurinasee von Beschuss frei.

Die 1960 eröffnete Dürrensteinhütte markiert den südlichsten Saum der Plätzwiese. Sie ist in Anbetracht der Verkehrsmöglichkeiten mehr Ausflugsziel als Bergsteigerstützpunkt. Allerdings beschert der am Berggasthof Plätzwiese beginnende, 2¼ Stunden dauernde Normalweg zum 14 Meter hohen Kreuz auf den von weitem begehrlich lockenden, völlig harmlosen Dürrenstein (2839 m) der Gastronomie guten Besuch. Die letzten Meter zum Vorgipfel sind seilgesichert.

Bis Plätzwiesen mit Linienbus oder eigenem Fahrzeug. Zu Fuß vom Rathaus Niederndorf, wie es der Dolomitenhöhenweg 3 streng diktiert, wird jeder, der die gut sechs Stunden mit voll gepacktem Rucksack hinter sich gebracht hat, diese Tortur nicht einmal seinem ärgsten Feind wünschen! Angenehmere Alternativen: Entweder von Landro aus dem Höhlensteintal korrespondierend zum Dolomitenhöhenweg 3 in 3½ Stunden auf stellenweise luftigen Pfaden durch das Helltal oder bei Schluderbach auf der geschotterten Militärpiste in 2½ Stunden. Gemüt-

11 Dürrensteinhütte

Dürrensteinhütte

Berggasthof am südlichen Rand der Plätzwiesen in den Pragser Dolomiten, Tel. 0474/97 25 05. Ganzjährig bewirtschaftet. 24 Matratzenlager. Vom Gasthaus Plätzwiese (nahebei Parkplatz, Bushaltestelle), 30 Minuten, von Schluderbach 2½ Std., von Landro/Höhlensteintal 3½ Std.

Im Süden der Plätzwiese thront der Monte Cristallo (rechts), links Cristallopass und -gletscher sowie der klotzige Piz Popena.

liche Ausflügler fahren zu den Plätzwiesen und gehen 30 Minuten zur sölleähnlich postierten Dürrensteinhütte.

Selbst beim stärksten »Ansturm« behalten die Gastgeber, die Familie Mair aus Außerprags, ihre Liebenswürdigkeit; die gute Stimmung leidet in keiner Weise. Anziehendste Vedute ist schwach südöstlich der Monte Cristallo. Rechts des trichterförmigen Cristallopasses (2822 m) baut sich der massige, breit gelagerte Cristallo-Hauptgipfel (3216 m) auf, links des Passes der Piz Popena (3152 m). Die feine Nadel links des Piz Popena ist der Löschnerturm, benannt nach seinem Ersterkletterer Richard Löschner, einem hünenhaften, in Sexten stationierten Oberleutnant des Tiroler Landesschützenregiments III.

Touristik

AUSGANGSPUNKT: *Berggasthof Plätzwiese (1991 m). Auf den Plätzwiesen. Vom »Brückele« (8 km von Niederndorf, Hotel) geteerte Straße 7 km, Mitte Juli und August gegen Maut. Busverbindungen von Anfang Juli bis letzte Septemberwoche, Abfahrten im Sommer 10.00, 10.30, 11.00, 13.00 und 14.00 Uhr.*

INFORMATION: *Tourismusbüro I-39030 Prags, Tel. + Fax 0474/74 86 60, Internet: www.dolomitisuperski.com.hochpust*

Als Schluderbach noch eine Hochburg für Alpinisten war, bestiegen von dort Führer und Geführte den Monte Cristallo über den inzwischen deutlich geschrumpften Cristallogletscher. Eine seiner Spalten wurde am 20. August 1890 Michl Innerkofler, dem fähigsten und erfolgreichsten Sextener Bergführer, zum Verhängnis.

Beim Hotel Hohe Gaisl beginnt der unschwierige Wanderweg auf den 2839 Meter hohen Dürrenstein.

Zugabe: Ausflug zur Strudelalpe

Die Strudelalpe, militärgeschichtlicher Schauplatz im Ersten Weltkrieg, liegt östlich der DÜRRENSTEINHÜTTE. Doch unsere mit der Nummer 34 markierte Wanderroute, die hinter der Hütte beginnt, führt zunächst Richtung Dürrenstein. Erst zehn Minuten später schwenkt der breite Militärweg rechts ein, beschreibt drei Kehrschleifen und weist dann in südöstliche Richtung. Das Sträßchen hatten österreichische Pioniere vor dem Krieg als Tragtierweg angelegt. Später erfolgte eine Verbreiterung, um die Artilleriestellungen auf der Strudelalpe zu versorgen. Um die südlichsten Ausläufer der Helltaler Schlechten herum, das Kriegerehrenmal berührend und nach einem kurzen Abstieg erreichen wir die STRUDELKOPFSCHARTE (2200 m). Auch hier Überreste des Krieges. Eine fortähnliche Unterkunft ist als Ruine erhalten. Von der Hütte 50 Minuten.

Nordwärts senkt sich der Dolomitenhöhenweg 3 (120 km von Niederndorf nach Longarone) ins Helltal. Er ist identisch mit dem erwähnten Tragtierweg und endet bei Landro.

Wir bleiben auf der breiten Artilleriestraße. Mäßig ansteigend über die Hänge der STRUDELALPE. Überall noch Granatentrichter, überwachsene Stellungen, Schützen- und Laufgräben, verschüttete Kaverneneingänge, Beobachtungs- und Feuerstellungen. Die Besatzungen genossen ab Weihnachten 1915 den Luxus der Stromversorgung von Prags über die Plätzwiesen, sodass auch Kavernen elektrisch beheizt werden konnten. Logistisch kam es zu Engpässen, denn der Gegner schoss sich zunehmend treffsicherer auf die Artilleriestraße ein. Die Verluste an Menschen und Material stiegen.

Unter diesem Eindruck entstand aus dem Höhlensteintal durch das Helltal eine Doppelpendel-Schwerseilbahn. Die Traglast pro Gondel betrug 550 Kilogramm bei einer Fahrgeschwindigkeit von 3,6 Metern pro Sekunde.

Bei Punkt 2281 beschreibt der Weg einen Linksknick, es folgen zehn Minuten Aufstieg zu dem im Herbst 1983 von Veteranen gepflanzten Heimkehrerkreuz auf der Aussichtswarte STRUDELKOPF (2308 m). Von der Dürrensteinhütte etwa 1½ Stunden. Rückweg wie Hinweg.

12 Rifugio Angelo Bosi 2205 m

Rifugio Angelo Bossi. Mittlerweile ist die Zufahrt mit dem privaten Pkw verboten.

Auf seinem Briefpapier von 1935 warb der Besitzer: »Das bedeutendste u. ausgedehnteste Schlachtfeld u. der höchstgelegenste Wintersportort der DOLOMITEN.« Besitzer Agosto Martinelli, Monte-Piano-Veteran, versprach ein »gemütliches, bestgeführtes Haus. Garage, Zentralheizung«. Der ehemalige Capitano (Hauptmann) eröffnete das Schutzhaus 1932 hinter dem ehemaligen Stabsgebäude und widmete es dem im Juli 1915 gefallenen Kommandanten Major Angelo Bosi. Lange vor dem Krieg hatte es die kleine Pianahütte gegeben, im Jahr 1887 unterhalb des Carducci-Denkmals von der Sektion Wien des Österreichischen Touristenclubs erbaut. Sie wurde Ende Mai 1915 von »Alpini« niedergebrannt.

Der Zweite Weltkrieg, und speziell ein ab 1943 stationierter deutscher Flugmeldeposten, zerstörte die touristischen Träume des Rifugio. Erst als Signore Giovanni de Francesch 1962 die Hütte erwarb, ging es vorwärts, so der stolze Sohn und Wirt Mauro. Die Militärstraße vom Misurinasee lockte Auto- und Motorradfahrer an. Mittlerweile ist die Zufahrt für den öffentlichen Verkehr erfreulicherweise gesperrt, dafür gibt es einen Jeep-Service.

Die strategische Bedeutung des früheren Grenzbergs offenbart der Anblick vom Dürrensee im Höhlensteintal, wo sich das Massiv als gewaltige Bastion zeigt. Genau genommen heißt die einstige österreichische Nordkuppe Monte Piano (2205 m), der höhere italienische Südgipfel Monte Piana (2324 m), zusammen finden sie als »M. Plano« anno 788 in einer Schenkungsurkunde des Bayernherzogs Tassilo III. an das Stift Innichen früheste Niederschrift.

Zwischen 23. Mai 1915 um 19.00 Uhr, da Italien der k.u.k. Monarchie den Krieg erklärte, und Anfang November 1917, als die Italiener kampflos die Front räumten, um sich gegen die österreichische Insonzooffensive zu stemmen, fielen bei den Kämpfen auf und um den Tafelberg über 1000 Mann. Auf dem blutgetränkten Schlachtfeld errichteten 1977 bis 1979 auf Initiative des Wieners Walther Schaumann, Oberst i.R., dessen unentgeltlich arbeitende, internationale Helfer mit der Unterstützung des IV. Alpini-Korpskommandos Bozen das erste Freilichtmuseum des Gebirgskriegs. Schützen- und Laufgräben, Unterstände, Kavernen sind so originalgetreu wie möglich rekonstruiert.

Zugabe: Pioniersteig

Vom Parkplatz LANDRO in das Tal der Schwarzen Rienz bzw. in den Naturpark Sextener Dolomiten. Im Blickfeld bestechen Westliche Zinne (rechts), Große Zinne und Punta di Frida. Nach fünf Minuten an der Gabelung rechts halten gemäß der Markierung 6. Nun zeigt sich die monströse Monte-Cristallo-Gruppe. Nach weiteren fünf Minuten queren wir das Kiesbett und durchwaten die SCHWARZE RIENZ zur rot-weiß-roten Markierung am jenseitigen Baum. Dann rechts haltend auf deutlich erkennbarem, aber kehrenreichem und steilem Weg bergwärts, der bald ein Stück weit versichert ist. Etwa 1¾ Stunden nach dem Parkplatz gabelt sich der Weg bei einem schmiedeeisernen Kreuz (Soldatenfriedhof). Geradeaus bezogen auf Markierung 6. Auch die nächste Linksabzweigung (Hauptmann-Bilgeri-Gedächtnissteig) lassen wir unbeachtet. Auf dem Hochplateau angelangt lohnt sich links der Abstecher zum Toblacher Kreuz auf dem Monte Piano. Rechts haltend erreichen wir die einstige Hauptkampflinie Forcella dei Castrati und über den Monte Piana hinweg absteigend den RIFUGIO ANGELO BOSI (2225 m).

Rifugio Angelo Bosi

Privat. Am südlichen Saum des Monte Piana. Tel. 04 36/3 90 34, Tel. Tal 04 37/90 06 51. Bewirtschaftet Weihnachten bis Anfang April, Mitte Juni bis Anfang November. 20 Betten, 15 Matratzenlager. Kürzester Zugang knapp 2 Std. vom Misurinasee; auch Jeep-Pendelverkehr. Pioniersteig knapp 4 Std. Kriegsmuseum geöffnet 9.00–16.30 Uhr.

Touristik

Gewöhnlicher Zugang:

AUSGANGSPUNKT: *Ristorante Genzianella (Polentaspezialitäten), auch Zimmer, 1,5 km vom Misurinasee an der Straße zu den Drei Zinnen. Parkplätze. Bushaltestelle. Jeep-Pendelservice zur Hütte von Anfang Juni bis zur ersten Oktoberwoche (Preis 2001: Bergfahrt 8000, Talfahrt 5000 Lire).*

Pioniersteig:

AUSGANGSPUNKT: *Hotel Drei Zinnen, im Höhlensteintal, 11,5 km von Toblach (nächster Bahnhof), Bushaltestelle. Parkplätze vom Hotel 100 m talein, links der Straße (»Zinnenblick«).*

INFORMATION: *Tourismusbüro I-39038 Innichen. Tel. 04 74/91 31 49, Fax 04 74/91 3677. E-Mail: info@innichen.it, Internet: www.innichen.it.*

Hüttenweg-Stenogramm

ANFORDERUNGEN: *Steile Steige, Trittsicherheit und Schwindelfreiheit erforderlich. Drahtseile. Bei Nässe oder Schnee bedenklich.*

MARKIERUNGEN: *Wegweiser, rot-weiß-rote Farbzeichen.*

GEHZEIT: *Zur Hütte knapp 4 Std., Rückweg 3 Std.*

STEIGUNGEN: *950 m zum höchsten Punkt des Monte Piana.*

KARTE/FÜHRER: *Wie die gewöhnliche Route.*

Kriegsberg Monte Piana

Der Zugang von Süden mit dem 6,5 Kilometer langen Kriegssträßchen ist am bequemsten. Die interessanteste und anspruchsvollste Route ist der Pioniersteig aus dem Höhlensteintal, damals der Hauptzugang für die österreichischen Truppen.

Auf dem Berg überall Bestürzung. Fassungsloses Verharren auf Graspolstern und mehlweißem Karrengestein inmitten der Kampfstätten. »Ob das wirklich notwendig ist, weiß ich nicht«, zitiert der Venezianer Antonio Berti in seinem Buch »Guerra in Ampezzo e in Cadore« einen österreichischen Offizier von damals, »ich weiß nur, dass das die wollen, die im Hintergrund stehen mit ihren unumstößlichen Befehlen. Im Übrigen geht es mich nichts an: Ich habe zu gehorchen.«

Der Spaziergang

Links neben dem Ristorante Genzianella folgen wir dem Sträßchen, zunächst durch aufgelockerten Lärchenwald. Rechts bietet bald eine Quelle das letzte Trinkwasser während des Aufstiegs. Teerdecke bis zur Forcella Alta (1984 m), wo sich die Baracken des italienischen Artillerie-Gruppenkommandos für den Monte Piana duckten. Die Steigung nimmt zu, erreicht bis zu 14 Prozent. Eine Kaverne birgt ein Kapellchen. Wundervolle Aussicht in nordöstlicher Richtung zu den Drei Zinnen und nach Südosten zur Cadinigruppe. Eine letzte Kehrschleife, eine kurze Steigung und wir erreichen den Rifugio Angelo Bosi (2225 m). An der Außenseite der Hütte erinnern Tafeln an die am

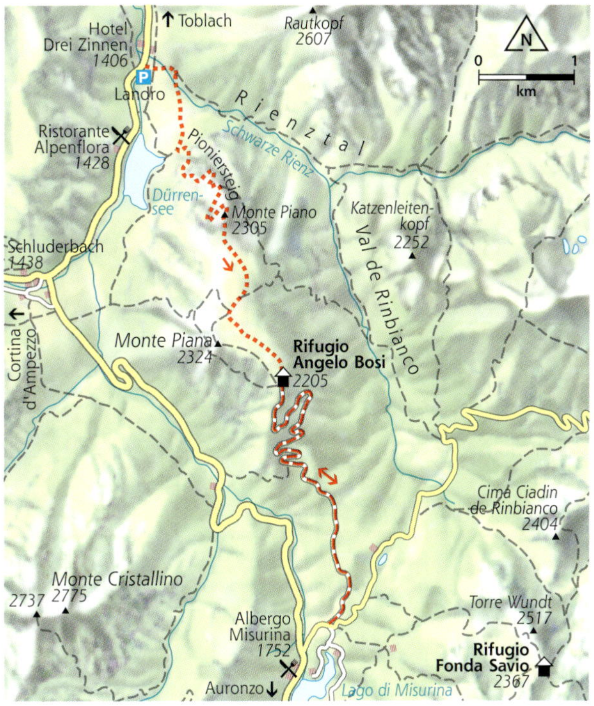

Monte Piana eingesetzten Verbände, im Innern befindet sich ein kleines Kriegsmuseum. Etwas oberhalb steht die 1966 allen Gefallenen geweihte Gedächtniskapelle Maria Santissima della Fiducia (Heilige Mutter Gottes der Zuversicht). Der Refugio ist Prolog für den Rundweg durch das Freilichtmuseum; dieser ist im genannten »Führer« genau beschrieben.

Hüttenweg-Stenogramm

ANFORDERUNGEN: *Hüttenweg unschwierig, der historische Rundweg erfordert stellenweise Trittsicherheit und Schwindelfreiheit; Sicherungen sind vorhanden. Bei Nässe oder Schnee ist der Rundweg gefährlich.*
MARKIERUNGEN: *Zur Hütte rot-weiße Farbzeichen, der Rundweg ist gelbschwarz beschildert.*
GEHZEITEN: *Knapp 2 Std. zur Hütte, Rundweg etwa 2½ Std., Abstieg von der Hütte 1 Std.*
STEIGUNG: *480 m zum Rifugio.*
KARTE: *Mapgraphic 1:25 000, Blatt 19.*
FÜHRER: *Walther Schaumann, Monte Piano. Erhältlich im Rifugio Angelo Bosi.*

An der Südostseite des Monte Piana mit Blicken in die Cadinigruppe.

13 Schlüterhütte 2340 m

Schlüterhütte

(ital. Rifugio Genova), 2340 m. Geislergruppe, über dem hintersten Villnößtal. CAI-Sektion Brixen. Tel. 04 72/84 01 32, Tel. Tal 04 72/84 03 89. Bewirtschaftet von Anfang Juli bis Anfang Oktober. 30 Betten, 40 Matratzenlager. Winterraum, Schlüssel beim Hüttenwirt: Villnöß/St. Magdalena Nr. 22. Von der Zanseralm knapp 2 Std., vom Würzjoch 2 Std. Über den Adolf-Munkel-Weg etwa 5 Std.

Der korrekte Name lautet nach dem Dresdener Kommerzienrat, auf dessen Kosten sie im Jahr 1898 errichtet wurde, Franz-Schlüter-Hütte. Umbau 1907. Seit 1990 sorgen Günther Messner – entfernt verwandt mit Reinhold Messner – und seine Frau in bewährter Fortsetzung der Konvention von Günthers Vater, des allseits beliebten Toni, für das Wohl der Gäste.

Ende Juni zieht zögerlich der Frühling ein, mit Anemonen und Blauem Enzian. Vier Wochen später entfaltet die Hochgebirgsblüte dann ihre ganze Pracht: Sonnenröschen, Glockenblumen, Akelei, Alpengrasnelken, der giftige Blaue Eisenhut oder der punktierte Enzian sorgen für ein Farbenspiel. Im Geröll, das sich seines Winterkleids entledigt hat, erscheinen zwischen Felsbrockenkalkweiß das wohlriechende Täschelkraut und der gelbe Alpenmohn. Im Schlagschatten der Geislernordwände werden Firnreste noch im Sommer lagern. Auf den Parkplätzen der »Zans«, wie die Einheimischen die Zanseralm nennen, stehen Autos. Dort beginnt die zumeist begangene Hüttentour, die auf breitem Weg über die Gampenalm führt.

Den ein wenig längeren, kurz drahtseilgesicherten Zugang aus dem Würzjoch sollte man wegen der Altschneereste mindestens bis Mitte Juli meiden. Diese Route verläuft ein Stück weit mit dem Dolomitenhöhenweg 2 – rund 170 Kilometer von Brixen nach Feltre – und dem Günther-Messner-Gedächtnissteig – sieben bis neun Stunden um die Aferer Geisler –, benannt zum Gedenken an den Villnößer aus St. Peter, der 1970 im Abstieg vom Nanga Parbat im Beisein seines Bruders Reinhold verunglückte. Der Peitlerkofel kann nebenbei »mitgenommen« werden.

Wer mehr Zeit und Kondition hat, sollte unbedingt den fünfstündigen Adolf-Munkel-Weg zu Füßen der Geislerspitzen gehen, einen »Klassiker«, der auf Initiative des 1904 verstorbenen Adolf Munkel, Justizrat, Gründer und langjähriger Vorstand der DOeAV-Sektion Dresden, entstanden ist.

Schlüterhütte und nordöstliche Ausläufer – Gabelkofel, Wasserkofel – der Geislerspitzen.

Adolf-Munkel-Weg

Im Villnösstal, hinter Ranui, mit dem Forststräßchen »Gschnagenhardt« rechts, südlich einschwenken. Etwa 30 Minuten am Broglesbach entlang. Dann das Sträßchen rechts verlassen, rechts über den Kleiferbach, nach etwa 20 Minuten links den rot markierten Pfad nehmen (geradeaus knapp 1 Std. zur Brogleshütte), in weiteren 20 Minuten zur Weissbrunnquelle (1875 m) an der Grenze des 1978 auf 9210 Hektar seiner Bestimmung übergebenen Naturparks Puez-Geisler. Wir haben die Originalroute über die Brogleshütte ohne landschaftliche Einbußen abgekürzt. Vom Parkplatz 1½ Std.

Schattige Kühle der Respekt einflößenden Wände! Am hornartigen Gipfelaufbau der Furchetta sehen wir eine Kanzel rechts an der Nordwandecke. Bis dorthin gelangten Hans Dülfer und Luis Trenker im Jahr 1914. Die Hauptschwierigkeiten beginnen erst nach der »Dülferkanzel« etwas weiter rechts in der 200 Meter hohen gelben und stellenweise brüchigen Wand zum Gipfelgrat. Dieses Problem lösten 1925 der Münchner Emil Solleder und Fritz Wiessner aus Dresden.

Geologischer Anschauungsunterricht: Die deutlich nach rechts geneigten Schrofen an der Basis von Furchetta und Sass Rigais sind unten Bellerophonkalke (nach den versteinerten Schnecken der Gattung Bellerophon benannt), in den mittleren und oberen Teilen Werfener Schichten; die obersten, optisch verhältnismäßig wenig geschichteten Lagen enthalten einen Muschelkalkmix. Unter den höchsten Fermedatürmen treten Buchensteiner Schichten und der darunter liegende Mendeldolomit (Hauptvorkommen um den Mendelpass) in Erscheinung.

Touristik

AUSGANGSORTE: *Villnöß, hauptsächlich bestehend aus dem Talhauptort St. Peter (1154 m) und der Fraktion St. Magdalena (1336 m).*

AUSGANGSPUNKTE: *Für den kürzesten, üblichen Weg: Zanseralm (1695 m), Berggasthof und Parkplatz am Ende der Straße (6 km) von St. Magdalena. In den Sommermonaten Busverbindungen. Informationsstelle (Blockhauswirtschaft) des Naturparks Puez-Geisler.*
Für Adolf-Munkel-Weg: Ranui (1346 m), südöstlich (1 km) von St. Magdalena. Die Zufahrtsstraße (350 m) zweigt vor dem Villnößbach rechts ab. Gasthaus Ranuimüllerhof, 350 m dahinter letzte Parkgelegenheit.

INFORMATION: *Tourismusbüro I-39040 Villnöß. Tel. 04 72/84 01 80, Fax 04 72/84 03 12, E-Mail: info@villnoess.com, Internet: www.villnoess.com.*

Zugabe: Der »zahme« Peitlerkofel, 2874 m

Von Norden, vom Würzjoch, dem ladinischen Börz, ist das Antlitz des Peitlerkofels grimmig und abweisend. Der nordwestliche Eckpfeiler der Dolomiten heißt in der ladinischen Muttersprache Pütia; er ist viel gerühmt für seine Aussicht. Und von Süden ist er ein Leichtes für routinierte Bergfexn. Hin und zurück 3½ Stunden.

Ab Schlüterhütte zunächst 30 Minuten in die Peitlerscharte (2357 m). Vom Kreuz halbrechts im Südhang des Peitlerkofels schräg ansteigen. Nach weiteren 30 Minuten an der Weggabelung rechts weiter, Felsgelände; der linke Steig ist länger, aber einfacher! An der Stelle, wo sich die Routen wieder treffen, geht es gemeinsam in den Sattel vor dem Gipfelaufbau. Von der Peitlerscharte eine Stunde. Nun ist der Anstieg durch Drahtseile vorgegeben. Eine kurze Unterbrechung erfordert Kletterei (I. Schwierigkeitsgrad). Zuletzt durch Geröll zum Gipfelkreuz des PEITLERKOFELS.

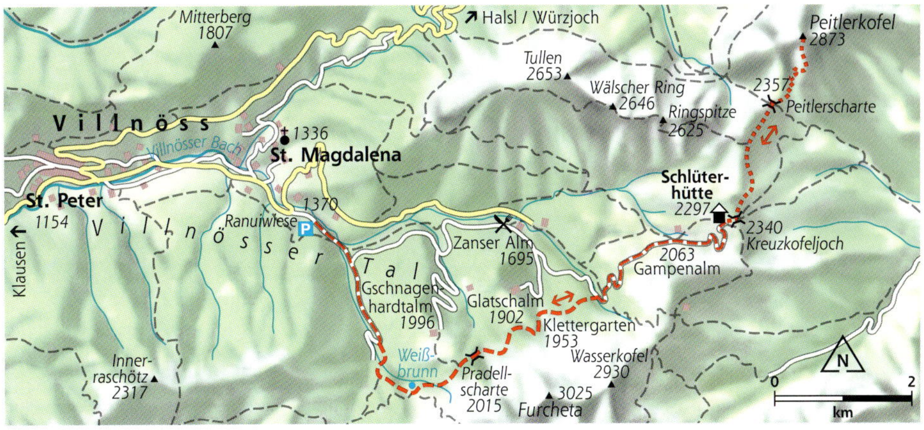

Es gilt Markierung Nummer 35, wir gehen Richtung Nordosten. Links, etwa zehn Minuten abseits, liegt die bewirtschaftete Gschnagenhardtalm. Alpenrosenfelder in dunklem Rot säumen den Weg. Auf größeren Felsen kleben grüne Moospolster. Unsere Route steigt an in die waldbestandene PARDELLSCHARTE (2015 m). Danach fast eben über die Pardellwiesen. Die Linksabzweigung am GSIESBODEN (1932 m) zur bewirtschafteten »Glatschn«, wie die Einheimischen die Glatschalm nennen, bleibt unberücksichtigt. Danach befindet sich rund 200 Meter rechts in einem Bergsturzlabyrinth der nach einem Murenabgang im Herbst 2000 sanierte Alpenvereinsjugend-Klettergarten (ca. 30 Routen).

Unser Weg führt dann hinunter zu dem von der Zanseralm hochführenden Forststräßchen. Rechts zur Brücke (1868 m) über den »Tschantschenònbach« im Dialekt bzw. dem St.-Zenon-Bach. Auf der anderen Seite folgen wir dem Anstiegsweg zu den Gampenwiesen. Rechts an der GAMPENALM (2063 m) vorbei und in 35 Minuten hinauf zur SCHLÜTERHÜTTE (2306 m).

Hüttenweg-Stenogramm

ANFORDERUNGEN: *Unschwierig, am Anfang schattig.*
MARKIERUNGEN: *Hinweistafeln, rotweiße Farbzeichen.*
GEHZEIT: *Etwa 5 Std., Abstieg von der Schlüterhütte bis zur Zanseralm 1¼ Std.*
STEIGUNG: *Rund 1100 m.*
EINKEHR UNTERWEGS: *Gampenalm, privat, bewirtschaftet Juni bis Allerheiligen, auch Übernachtung.*
KARTE: *Mapgraphic 1:25 000, Blatt Villnöß.*

Die »zahme« Südflanke des Peitlerkofels bzw. seines Hauptgipfels (rechts).

14 Schlernhäuser 2457 m

Schlernhäuser und südlicher Rosengarten. Ungefähr in Bildmitte die Rosengartenspitze, vorgelagert die Laurinswand und links davon die Vajolettürme.

Schlernhäuser

(ital. Rifugio Monte Petz), 2450 m. Auf dem Schlern. CAI-Sektion Bozen. Tel. 04 71/61 20 24, Tel. Tal 04 71/72 51 31. 30 Betten, 90 Matratzenlager. Bewirtschaftet Mitte Juni bis Anfang Oktober. Von der Seiser Alm 3 Std., von Bad Ratzes über Schlernbodenhütte 4 Std., aus dem Tschamintal 3 Std., vom Völser Weiher 4½ Std., vom Tierser Alpl 2 Std.

Aus einer kleinen, 1884/85 unter dem Primat der Alpenvereinssektion Bozen gemauerten Hütte sind »Häuser« hervorgegangen, ein dreiteiliger gedrungener Komplex. Das Areal quillt an Sonnentagen im August über, scheint vor Besuchern aus den Nähten zu platzen. Massenabfertigung ist hier scheinbar unabänderliche Realität! Dafür versöhnt die unbeschreibliche Aussicht, vornehmlich in den benachbarten Rosengarten, der sich als breite Gipfelfront darstellt.

Die ursprünglichen Gegebenheiten des Stützpunkts sind kaum noch vorstellbar: Erdgeschoss mit »Küche, Vorrathskammer, Kammer der Wirtschafterin, Speisezimmer, Damenschlafkammer mit 4 Betten, Herrenschlafraum mit 15 Matratzenlagern; im Oberstock Schlafzimmer mit 6 Betten und Schlafraum mit 19 Matratzenlagern«.

Die Schlernhäuser scheinen aufzugehen im titanenhaften Schlernstock. Er bildet in Verbrüderung mit der Seiser Alm ein Idealbild Südtiroler Schönheit.

Dabei stellt der geografische Westpfeiler der Dolomiten gar keinen Gipfel nach herkömmlichem Muster dar, sondern eine umfängliche »Tafel«. Schlerngipfel ist der Petz.

Touristik

AUSGANGSORT: *Kompatsch (1880 m). Hotelsiedlung am Westrand der Seiser Alm, am Ende der Zufahrtsstraße (11 km). Sie zweigt halbwegs zwischen Kastelruth und Seis von der Provinzstraße 64 ab. Von Bozen 25 km, vom Brennerpass 100 km. Parkplätze. Bushaltestelle.*
INFORMATION: *Tourismusbüro I-39040 Seiser Alm, Tel. 04 71/72 79 04, Fax 04 71/72 78 28, E-Mail: seiseralm@dolomitisuperski.com, Internet: www.dolomitisuperski.com/seiseralm.*

Bleiben wir zunächst auf Distanz. Ein Genuss ist das Panorama vom Ritten über das Eisacktal hinweg. Nördlich vom kleinen Kirchlein St. Valentin kokettiert die Santnerspitze, der größte »Schlernzacken«, als schwungvolles Felshorn. Weit über Südtirols Grenzen hinaus vertraut ist der Blick von der Seiser Alm auf Schlern-Ostmauer, Euringerspitze und Santnerspitze. Eine Idylle bietet der Völser Weiher, wenn sich zwischen Seerosen im Wasser die Westbastion des Berges spiegelt. Am Sockel der Santnerspitze blüht im Juli und August die Schopf-Teufelskralle (Phyteuma comosum). Weit verbreitet ist die Alpengrasnelke (Armeria alpina), »Schlernhex« genannt. Der Sage nach

15 Tierser-Alpl-Hütte 2440 m

Tierser-Alpl-Hütte

Privat. An der Nahtstelle Schlern/Rosengarten. Tel. 0471/727958, Tel. Tal 0471/707460. Bewirtschaftet Mitte Juni bis Mitte Oktober. 20 Betten, 60 Matratzenlager. Von der Seiser Alm 2¾ Std., aus dem Tierser Tal/Tschaminschwaige 3½ Std., von der Plattkofelhütte 2 Std.

Vor vierzig Jahren errichtete Maximilian Aichner aus Kastelruth das Schutzhaus mit einer kleinen, dem hl. Jakobus geweihten Kapelle. Möglicherweise würde es heute noch von Bergsteigern bzw. Besuchern der Seiser Alm stiefmütterlich behandelt werden, hätte Max den alpinistischen Trend jener Zeit ignoriert: die Klettersteige. Der Markt bestimmt die Nachfrage! Als Erster war 1968 der Große Roßzahn an der Reihe. Bislang unbeachtet wurde er plötzlich oft besucht. Der Vorausschauende legte nach und finanzierte die Baukosten für den Maximiliansteig vom Großen Roßzahn zur Roterdspitze aus eigener Tasche. Und aus Anlass des 25-jährigen Hüttenjubiläums widmete er seiner Frau Laura (Laurenzia) die gleichnamige Via ferrata am Molignoukamm. Mittlerweile hat Max Aichner an seine Tochter Judith und deren Mann Stefan Perathoner, einen Ladiner aus dem Grödnertal »übergeben«, wie man zu sagen pflegt, ist aber immer noch fester Bestandteil seiner Hütte.

Das Tierser Alpl versteckt sich südlich der Seiser-Alm-Parkplätze hinter den Roßzähnen in dem 1974 auf einer Fläche von 5850 Hektar gegründeten Naturpark Schlern. In früheren Jahren lag eine unendliche Ruhe über den paradiesischen, von den Kastelruther Bauern mit Hingabe gepflegten Wiesen der Seiser Alm. Schon seit langem durchschneidet ein für den öffentlichen Verkehr gesperrtes, landwirtschaftlich und von Hotelgästen genutztes Asphaltsträßchen die ausgedehnteste Hochalm der Alpen. Vereinzelte Waldstreifen und Waldfetzen unterbrechen die grasigen Wellen. Hier und dort sumpfige Mulden. Im Spätsommer erfüllt der würzige Duft gemähten Grases die Luft. Die Blumenteppiche sind der Sense zum Opfer gefallen (oder verantwortungsloser Überdüngung!). Bald werden die über 400 von der Sonne dunkelgebrannten hölzernen Heuschober, die »Dillen«, gefüllt sein. Das Jahr geht seinem Ende zu.

Von den Zugängen aus dem Tal ist der von Tiers über die Jausenstation Tschaminschwaige, durch das Tschamintal und das stellenweise gesicherte Bärenloch der anstrengendste, der über die Grasleitenhütte der längste. Auf dieser Seite muss auch noch der Übergang aus dem Rosengarten über den Molignonpass eingeflochten werden, von Westen die Höhenroute von der Plattkofelhütte.

Üblicherweise schultert man auf der Seiser Alm den Rucksack, genau gesagt in der Hotelsiedlung Kompatsch. Einige Minuten östlich, unweit der Panoramalift-Talstation, ruht auf der Nordseite der Straße der so genannte »Tschonnstoan« (Stoan = Stein). Im Jahr 1986 bei Ausgrabungen an diesem markanten Felsblock gefundene Klingen aus Feuerstein haben bewiesen, dass hier vor etwa 10 000 Jahren steinzeitliche Jäger dem Wild auflauerten. Dies sind die bisher ältesten Funde in Südtirol!

Wandern auf der Seiser Alm

An der Südseite des großen Parkplatzes von Kompatsch (1880 m) folgen wir Markierung 7 auf einem breiten Fahrweg durch Wiesen mäßig bergan. Über die Höhe des Jochrückens – rechts ist die Bergstation des Panoramalifts –, kurz abwärts, dann wieder ansteigend. Etwa 45 Minuten nach Kompatsch geht es links unterhalb des Hotels Goldknopf vorbei. Etwas später den Bach im Radellergraben überschreiten und bergan zur Mahlknechthütte (2054 m, auch Molignonhaus) zu Füßen der geologisch aufschlussreichen »Mahlknechtpollen« aus Wengener Schichten, Laven, Tuffen, Sandstein und Mergel. Vom Parkplatz 1½ Std.

Wir lassen Karawanen von Spaziergängern, insbesondere die Heerscharen von italienischen Ausflüglern des »Ferragosto« (die Zeit um Maria Himmelfahrt) zurück. Östlich trumpft der Plattkofel samt Titanendach auf; links davon der Rest der Langkofelgruppe, andeutungsweise das Langkofelkar.

Durch eine Wiesenmulde in fünf Minuten zu einer Almhütte. Abwärts zum Bach bzw. in den Galgenmühlgraben, wo erneut geologische Besonderheiten unsere Aufmerksamkeit beanspruchen. Deutlich sind die »Elefantenrücken« zu erkennen: schwarzer Fels

Tierser-Alpl-Hütte. Oberhalb erstreckt sich der Kamm (Maximiliansteig) von den Roßzähnen links zur Roterdspitze.

Zugabe: Bergsteigerische Palette

Die Klettersteige erfordern ausnahmslos Trittsicherheit und Schwindelfreiheit. Gehzeiten: Hütte–Großer Roßzahn (2653 m) etwa 30 Minuten. Weiterweg eventuell mit dem Maximiliansteig über den teilweise brüchigen Roterdkamm 1½ Stunden auf die Roterdspitze (2665 m). »Solo per esperti« (»Nur für Geübte«) warnt eine Tafel. Der Laurenzia-Klettersteig, schwierigste und anspruchsvollste Via ferrata im Rosengarten, verbindet das Tierser Alpl in etwa 4 Stunden mit der Antermoiahütte; langer, umständlicher Rückweg. Und für Nur-Wanderer: Roterdspitze in einer Stunde. Vom Kreuz herrlicher Blick über das Schlernplateau.

und vorbei an der Sesselschwaige. Schwieriger, aber 30 Minuten kürzer ab dem Peter-Frag-Kreuz der Schäufelesteig. Der Übergang ab der Tierser-Alpl-Hütte dauert zwei Stunden.

Von der Seiser Alm

Ab dem Parkplatz auf Kompatsch (1880 m), neben dem Blockhaus der Touristikinformation, folgen wir dem Fahrweg etwa 200 Meter. Dann zweigt rechts am Wegweiser unsere vorläufige Markierung 10 ab. Südwestlich ansteigend über Wiesen. Am Höhenrücken (1957 m, Heuhütte) jenseits abwärts zum Fahrweg, der vom Gasthof Frommer herführt. Während sich Markierung 10 rechts wendet (Prosslinger Schwaige), spazieren wir links analog Markierung 5 weiter an Höhe verlierend über die Gstatscher Schwaige (1843 m), die Saltnerhütte (1825 m) zum Frötschenbach (1809 m).

Jetzt erwarten uns $2^1/_4$ Stunden anhaltende Steigung, vorbei an einem Brunnentrog und in der Folge in langer Traverse. Bei Punkt 1900 vereint sich die Seiser-Alm-Route mit dem Touristensteig. Unser stellenweise steiniger Weg beschreibt mehr oder weniger lange Kehren und Serpentinen. Sie verhelfen auf die felsig-grasige östliche Schlern-Hochfläche, über die es weniger steil noch 30 Minuten zu den erst kurz vor ihrem Erreichen sichtbaren Schlernhäusern (2450 m) ist.

Breit gelagert die Schlernbastion ohne Gipfelcharakter. Rechts schließen sich Euringerspitze und Santnerspitze an.

Zugabe: Götterberg Schlern?

Etwa 20 Minuten trennen uns bei den SCHLERNHÄUSERN vom höchsten Punkt des Berges, dem kreuzgekrönten PETZ (2564 m), einer leicht gewölbten, niedrigen Kuppe mit etlichen Hauptdolomit-Felsblöcken.

Nochmals 20 Minuten nordwärts erreichen wir die teilweise felsige Kuppe des BURGSTALLS (2515 m). Am Burgstall, von den Einheimischen »Krauthaufen« genannt, wurden Vorzeitfunde getätigt, u. a. zerbrochenes Tongeschirr, möglicherweise von einer prähistorischen Kultstätte, »zu der die Menschen von damals in Flurgängen pilgerten, um einer Fruchtbarkeitsgöttin in Naturalien zu opfern. In windstillen Nächten mögen Feuer zum Himmel gelodert und frohes Leben auf dem Schlern geherrscht haben« (Karl-Maria Mayr, Vorgeschichtliche Siedlungsfunde auf der Hochfläche des Schlern. Zeitschrift Schlern, Nr. 20, 1946, S. 9 ff.). Vom in der Nähe gelegenen »Santner-Kanzele« (Santner-Kanzel) haben wir einen hinreißenden Blick auf Euringerspitze und Santnerspitze.

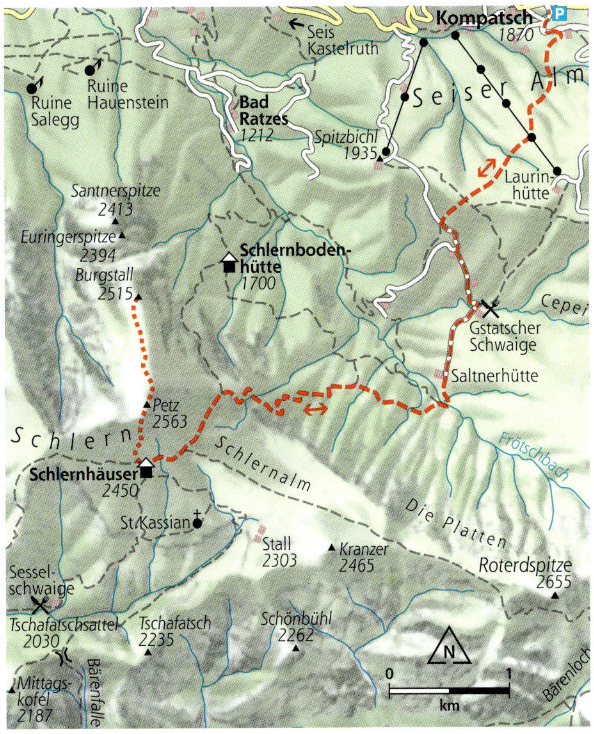

Hüttenweg-Stenogramm

ANFORDERUNGEN: *Unschwierig, Trittsicherheit vor allem für den Abstieg ratsam, ohne Schatten.*
MARKIERUNGEN: *Wegweiser, rotweiße Farbzeichen.*
GEHZEITEN: *Aufstieg 3 Std., Abstieg 2¹/₄ Std.*
STEIGUNGEN: *Aufstieg 750 m, Abstieg 150 m, nach dem Frötschenbach.*
EINKEHR UNTERWEGS: *Gstatscher Schwaige, Saltnerhütte.*
KARTE: *Mapgraphic 1:25 000, Blatt 11.*

Blick von der Roterdspitze nordwestwärts auf den »Gipfel« des Schlern.

hausten auf dem Schlern weiland böse, schadenfrohe Weiber, die den Zwergenkönig Laurin, Herr im Rosengarten (Wanderung 22), auslachten und verspotteten, als ihn Dietrich von Bern gefangen nahm. Da traf sie der Fluch Laurins. Die Weiber wurden zu Blumen und mussten nach der Blütezeit graue, grasartige Zottelhaare tragen … Den Reichtum der Schlernflora garantiert verschiedenerlei Gestein: kalkarme Melaphyre, Augitporphyrtuffe, Raibler Mergelschichten und Dolomitkalk.

Der übliche, drei Stunden dauernde Anstieg zu den Schlernhäusern erfolgt vom Parkplatz Kompatsch auf der Seiser Alm. Weiter oben mündet von rechts der im Jahr 1885 ausgebaute Touristensteig von Bad Ratzes über die 1986 nach einer Lawinenzerstörung neu errichtete Schlernbodenhütte. Der Touristensteig nimmt eine Stunde mehr in Anspruch, hat aber beim Rückweg keine Gegensteigung (150 Höhenmeter) wie die Seiser-Alm-Route. Der »Gamssteig« von der Schlernbodenhütte ist zwar 45 Minuten kürzer, weist aber eine Passage I- sowie Eisenstifte auf. Bei Schnee auf dem Gamsband ist er heikel. Der dreistündige Anstieg aus dem Tschamintal wurde in der früher problematischen Bärenfalle durch eine Holzstegeanlage und Drahtseile völlig entschärft. Der längste Zugang mit 4½ Stunden führt vom Völser Weiher über das Peter-Frag-Kreuz und auf einem 700 Meter langen Knüppelweg durch die Teufelsschlucht

aus dunkelgrünen Palagonittuffen als Folge von unterseeischen Vulkaneruptionen vor rund 200 Millionen Jahren. Aus der Bachschlucht im Tuffgestein aufwärts, wahlweise mit dem linken oder rechten Pfad. Oben nicht auf dem Fahrweg, sondern rechts haltend zum ehemaligen DIALER HAUS (2145 m), den Karten zufolge Seiser-Alm-Haus, dem 1982 neu erbauten Berggasthaus Casa del TCI für Mitglieder des Touring Club Italiano, vergleichbar mit dem ADAC. Hier endet der klassische, neun Kilometer lange Friedrich-August-Weg vom Sellajoch über die Plattkofelhütte (siehe Tour 19), angeregt durch den Sachsenkönig Friedrich August im Jahre 1906. Der Weg wurde vom damaligen Wirt der Hütte, Franz Dialer, ausgebaut und hieß ursprünglich Sachsenweg.

An der Weggabelung halbrechts weiter bergan. Nach zehn Minuten mündet von links Markierung 4 (von der Plattkofelhütte). Nun gehen wir im obersten Durontal auf breitem Weg. Die emporstrebenden Roßzähne treten in das Blickfeld. Vom Tierser Alpl sind es dann nicht mehr weit zur TIERSER-ALPL-HÜTTE.

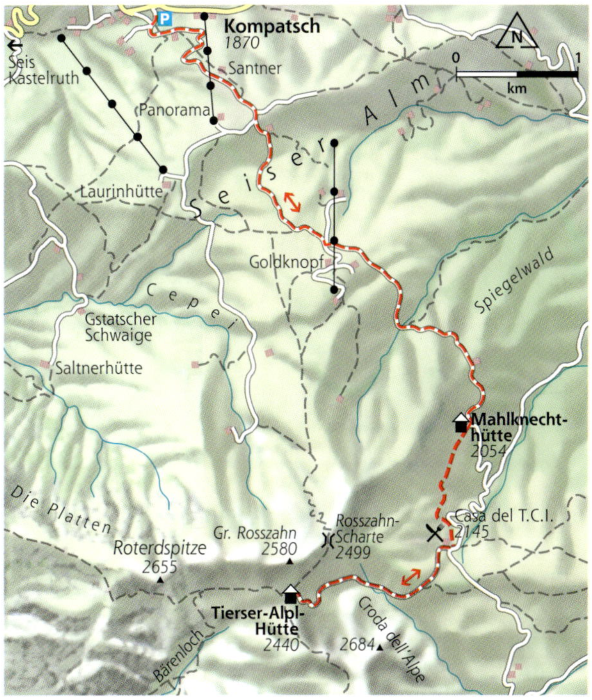

Hüttenweg-Stenogramm

ANFORDERUNGEN: *Unschwierig, kein Schatten.*
MARKIERUNGEN: *Wegweiser, rotweiße Farbzeichen.*
GEHZEITEN: *Aufstieg 2 3/4 Std., Abstieg 1 3/4 Std. Aufstieg bei Benützung des Panoramaliftes 1/2 Std. kürzer.*
STEIGUNG: *570 m.*
EINKEHR UNTERWEGS: *Mahlknechthütte, ganzjährig bewirtschaftet, auch Übernachtung.*
KARTE: *Mapgraphic 1:25 000, Blatt 11.*

Touristik

AUSGANGSORT: *Kompatsch (1880 m). Hotelsiedlung am Westrand der Seiser Alm, Ende der öffentlichen Zufahrtsstraße (11 km). Sie zweigt halbwegs zwischen Kastelruth und Seis von der Provinzstraße 64 ab. Von Bozen 25 km, vom Brennerpass 100 km. Parkplätze, Bushaltestelle.*
INFORMATION: *Tourismusverein I-39040 Seiser Alm. Tel. 04 71/72 79 04, Fax 04 71/72 78 28, E-Mail: seiseralm@dolomitisuperski.com, Internet: www.dolomitisuperski.com/seiseralm.*

Tierser-Alpl-Hütte von Westen, überragt vom Großen Roßzahn.

16 Regensburger Hütte 2037 m

Die Regensburger Hütte. Im Hintergrund Kleine und Große Fermeda.

Am 26. August 2008 werden es 120 Jahre sein, dass die Regensburger Hütte über dem Grödnertal auf der Südseite der Geislerspitzen von der 1870 gegründeten Alpenvereinssektion Regensburg mit Kosten von 3862,35 Reichsmark auf gekauftem Grund erbaut wurde, wozu der Hauptverein 2000 Reichsmark beisteuerte. Es war ein kleines, unbewirtschaftetes, nur mit AV-Schlüssel zugängliches, aber gemauertes Hüttchen, »innen vertäfelt«, meldete 1894 die Zeitschrift des Deutschen und Oesterreichischen Alpenvereins. Sie »enthält Gaststube mit Herd, Schlafzimmer mit acht Matratzenlagern, unter dem Dache ein Damenzimmer mit zwei Betten und Raum für Heulager«. Während des ersten Jahrzehnts zählt die Hütte pro Jahr durchschnittlich 320 Besucher. Diese Zahl ist im Zeitalter der Seilbahnen und Kosten-Nutzen-Rechnungen nicht mehr vorstellbar. Schließlich muss die Familie Perathoner, die 1980 einen wesentlichen Umbau ausführte, zeitkonform leben. Sie gehört der ladinischen Volksgruppe an. Ladinisch, das außer im Grödnertal noch im Gadertal, im Fassatal und im Enneberg gesprochen wird, ist kein Dialekt, sondern ein selbstständiges, eher provenzial-französisch als italienisch klingendes, mehr als 2000 Jahre altes rätoromanisches Idiom, neben Italienisch und Deutsch dritte Amtssprache für etwa 88 Prozent der Bevölkerung im Val Gherdëina, wie das Grödnertal in ladinischer Sprache heißt.

Während des Ersten Weltkriegs diente die damals vergrößerte Hütte als Bergführerschule des XI. Österreichischen Armeekorps mit so namhaften Instrukteuren und Kletterern wie Franz und Hanns Barth, Gustl Jahn, Eduard Pichl oder Luis Trenker. Nach dem Krieg fiel die Unterkunft durch Enteignung vom italienischen Staat der CAI-Sektion Florenz zu. Den touristischen Aufschwung brachten Mitte des 20. Jahrhunderts die Seilbahn von Urtijëi (St. Ulrich) zur Seceda und der Korblift von St. Christina zum Col Raiser. Dazu kamen – mittlerweile die wichtigste Einnahmequelle – die Klettersteige auf den Sass Rigais. Ohne derartige »Attraktionen« im Tourenbereich müssten sehr viele Hütten um ihre Existenz bangen, was die betroffenen Wirte immer wieder beteuern.

Üblicherweise wird, sofern man die Aufstiegshilfen verschmäht, in St. Christina der Rucksack geschultert. Ein Fahrweg erschließt das Cislestal. Beiderseits liebliche Wiesenhänge, sonnengebräunte Heustadel, lichte Lärchenwaldstreifen und Zirben. Wir gehen rechts an der Jausenstation Sangon vorbei zu einem kleinen Stauweiher. An dieser Stelle mündet von rechts jene Hüttenroute, die im hochgelegenen Wolkensteiner Ortsteil Danuei vom Parkplatz 300 Meter oberhalb der Pension Daniel in etwa 45 Minuten zur bewirtschafteten, aussichtsreichen Schuatschhütte (ladinisch Juac) auf einem stumpfen Grasrücken führt. Von dort durch Wald hinunter an den erwähnten kleinen Stauweiher und noch 30 Minuten zur Regensburger Hütte.

Die eindrucksvollste und genussreichste Annäherung ist von der Seceda unterhalb der westlichsten Geislerpitze über die Trojer Schwaige. Asketen mögen mir verzeihen: Ich nehme dafür jedes Mal die Secedaseilbahn und trinke auf der Regensburger Hütte einen »Roten«!

Gegenüberliegende Seite: Auf dem herrlichen Höhenweg von der Seceda, vorbei an der Panascharte. Im Vorblick die Fermeda.

Regensburger Hütte

(ital. Rifugio Firenze), auch Geislerhütte, 2037 m. Auf der Cislesalpe an der Südseite der Geislerspitzen. CAI-Sektion Firenze. Tel. 04 71/79 63 07, Tel. und Fax Tal 04 71/79 52 06. Bewirtschaftet Heiligabend bis letzte Märzwoche, Anfang Juni bis Mitte Oktober. Zentralheizung, 20 Betten, 70 Matratzenlager. Von der Bergstation des Col-Raiser-Liftes 20 Min., von Danuei 1½ Std., von St. Christina knapp 2 Std., von der Seceda 1 Std.

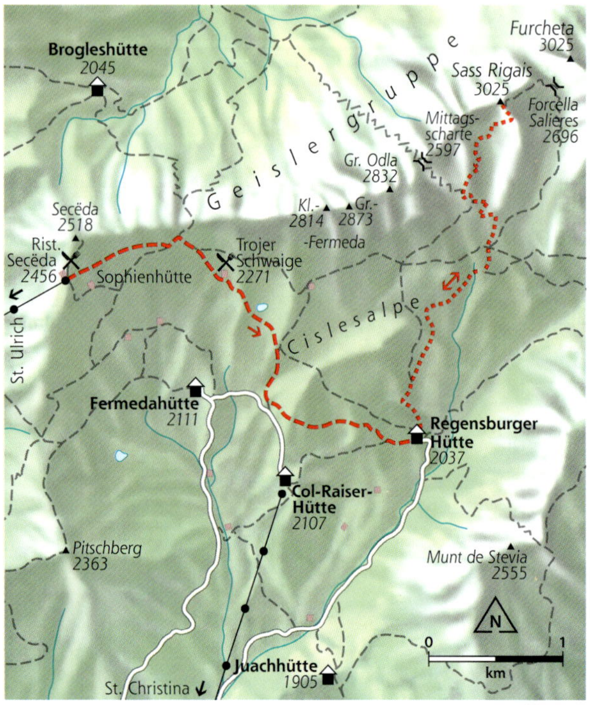

Hüttenweg-Stenogramm

ANFORDERUNGEN: *Unschwierig, bei dieser Vorgabe von der Regensburger Hütte weiter absteigend nach St. Christina und per Bus nach St. Ulrich.*

MARKIERUNGEN: *Wegtafeln, rotweiße Farbzeichen.*

Gehzeit: Knapp 1 Std. zur Regensburger Hütte.

STEIGUNG: *Nicht erwähnenswert.*

EINKEHR UNTERWEGS: *Jausenstation Trojer Schwaige.*

KARTE: *Tabacco 1:25 000, Blatt 05.*

Von der Seceda

Beachten Sie die geologischen Schichten des von Westen auffallenden Bergstocks – und zwar von unten nach oben: roter Grödner Sandstein, graue, von weißen Gipslagen durchsetzte Bellerophonschichten, gelbliche und rötliche Werfener Schichten, Dolomitkalk und vulkanisches Gestein.

Unterhalb des Secedagipfels, vom Gasthof (2453 m) an der SEILBAHN-BERGSTATION, laufen wir nordöstlich oberhalb der Sophienhütte auf einem Hangpfad fünf Minuten zu einer Gabelung. Wir bleiben auf dem unteren Weg (oberer Weg: Panascharte – Brogleshütte) und spazieren die Fermeda vor uns in einer Viertelstunde durch den Hang zur nächsten Wegteilung. Dort rechtshaltend mit Markierung 1 über einen steilen Grashang. Die Holzbohlenstufen sind bei Nässe rutschig! Vorbei an der JAUSENSTATION TROJER SCHWAIGE (2271 m) und an einem kleinen See zu einer Kreuzung. Geradeaus und aus der Wiesenmulde rechts haltend kurzer Gegenanstieg zum Wegweiser auf einem steinigen Rücken. Dort erwartet uns ein herrlicher Ausblick! Jenseits in einer Viertelstunde abwärts zur bereits sichtbaren REGENSBURGER HÜTTE (2039 m).

Abstieg gewöhnlich direkt zu den Häusern von St. Christina.

Anmarsch zu dem durch einen Klettersteig erschlossenen Sass Rigais.

Zugabe: Sass Rigais, 3025 m

Jeder Berg, den Drahtseile und Eisenstifte entzaubert haben, büßte von seiner Identität ein. Darum seien hier Menschen genannt, die mit dem Sass Rigais während seiner Erschließungsära verbunden waren. Zum Beispiel der Grödner Jäger Giovanni Battista Vinazer. Er hatte wahrscheinlich im Jahr 1860 den Verlauf der Normalroute von Westen gefunden. Als erste Touristen gelangten Bruno Wagner und F. Niglutsch am Seil des Grödner Brüderpaars Giorgio und Giovanni Bernard 1878 auf den Gipfel. Die Ostflanke, eine »extreme«, ebenfalls teilweise drahtseilgesicherte Alternative, durchkletterten 1888 die Wiener Heinrich Heß, Robert Hans Schmitt und der Leipziger Professor Karl Schulz, ein Trio, das seinerzeit die Spitze im Leistungsbergsteigen verkörperte. Solche Ambitionen haben wir nicht!

Die übliche Route auf den umschwärmtesten Gipfel der Geislergruppe wertet mein Führer folgendermaßen: Schwierigkeitsgrad I (Stellen), Drahtseile, Wege und Steigspuren. Zeitlicher Aufwand 3 bis 3½ Stunden. Beim Übergang vom Vorgipfel auf dem brüchigen Grat etwa 80 Meter zum Kreuz des Sass Rigais besteht Steinschlaggefahr, wenn sich Ankommende und Rückkehrende undiszipliniert ausweichend begegnen. Die Kinder weinen, während sich die im Seilgebrauch ungeübten Väter darin verheddern. Grande confusione!

Touristik

AUSGANGSORTE: *St. Ulrich (1236 m). Hauptort des Grödnertals. Von Waidbruck 13 km, von Klausen 19,5 km; Bahnhöfe, Busverbindungen. Betriebszeiten der Secedaseilbahn 8.30–12.00 Uhr, 13.00–18.00 Uhr.*
St. Christina (1427 m), auf halbem Weg zwischen St. Ulrich und Wolkenstein, Busverbindungen, Betriebszeiten des Col-Raiser-Liftes 8.00–17.30 Uhr.
Wolkenstein (1563 m), am Ende des Grödnertals, 21 km von Waidbruck, 27,5 km von Klausen (Bahnhöfe), Busverbindungen. Asphaltsträßchen (1,5 km) nach Danuei.
INFORMATION: *Tourismusbüro I-39046 St. Ulrich. Tel. 04 71/79 63 28, Fax 04 71/79 67 49, E-Mail: ortisei@val-gardena.com, Internet: www.val-gardena.com.*
Tourismusbüro I-39047 St. Christina. Tel. 04 71/79 30 46, Fax 04 71/79 31 98, E-Mail: s.cristina@valgardena.com, Internet: www.val-gardena.com.
Tourismusbüro I-39048 Wolkenstein. Tel. 0471/795122, Fax 0471/794245, E-Mail: selva@val-gardena.com, Internet: www.val-gardena.com.

17 Pisciadùhütte 2585 m

Die Sellagruppe – ladinisch Crepes dl Sela – ist in ihrer Art ohnegleichen. Mit unfassbarer Wucht und isoliert fußt dieses gewaltige Riff auf einigermaßen rechteckiger Basis als orografischer Knotenpunkt der westlichen Dolomiten über den vier ladinischen Haupttälern Gröden, Abtei, Fassa und Buchenstein. Das Gebirge, auf dem so gut wie keine höhere Vegetation existiert – nur mancherorts Büschel wildborstiges Hartgras –, hat ein durchschnittliches Niveau von 2850 Metern und weist knapp ein Dutzend allseits eigenständiger Erhebungen auf. Der höchste Gipfel ist der Piz Boè mit 3152 Metern. In die Ränder der Hochflächen und des Sockels sind gewaltige, sich wie Fenster öffnende Schluchten von überragender Wirkkraft eingefügt.

»Wie unter Menschen, so gibt es auch unter den Bergen Charaktere«, dozierte der Wiener Geologe und Mitbegründer des Österreichischen Alpenvereins, Edmund von Mojsisovics. Er meinte damit die Sellagruppe. Besondere Aufmerksamkeit beansprucht die teilweise markante »Zweistöckigkeit«: unten Schlerndolomit und vulkanisch beeinflusster Kassianer Dolomit, darüber ein Band aus dünnen Raibler Schichten, darauf gesetzt Dachsteindolomit als Obergeschoss. Auf dem weite Teile der Gruppe umgebenden Band platzierte man im Norden, am schönsten Platz der Sella, 1924 die Pisciadùhütte. Schwach südöstlich steht die 500-Meter-Wand des Boèsekofels. Links erinnert die Rizzischarte an Luigi Rizzi, einen der besten Kletterer um 1900 und Obmann der Führergilde Campitello. Links davon der Pizkofel. Diese perspektivische Momentaufnahme ist nur ein Aspekt des halbrunden Gesamtbilds.

Ein weiterer, allerdings kulinarischer Teil dieses Gesamtbilds ist »Polenta con funghi«, die Hüttenwirt Renato Costa in der Pilzsaison delikat zubereitet. Die Besucher seiner Hütte gehören unterschiedlichen alpinistischen Interessengruppen an. Mehrheitlich sind es Wanderer vom Grödnerjoch durch das eindrucksvolle Val Setus, aus dem auch Begeher des rund 170 Kilometer langen Dolomitenhöhenwegs 2 zwischen Brixen und Feltre auftauchen, oder aus dem Süden kommen, vom Pordoijoch über die Boè-Hütte. Zudem treffen »Ferratisti« des Pisciadù-Klettersteigs ein,

Pisciadùhütte

(ital. Rifugio Franco Cavazza), 2585 m. Nördliche Sellagruppe, südöstlich des Grödnerjochs. CAI-Sektion Bologna. Tel. 04 71/83 62 92, Tel. Tal 04 71/84 73 41. Bewirtschaftet Juli bis Ende September. 70 Betten, 20 Matratzenlager. Vom Grödnerjoch 2 Std., auf dem Klettersteig effektiv 3 Std., ab Seilbahn Sass Pordoi 3 3/4 Std.

Gegenüberliegende Seite: Die Pisciadùhütte. Im Hintergrund von rechts: Boèseekofel, Rizzischarte, Pizkofel.

Unterwegs auf der weiten Sellahochfläche.

Touristik

AUSGANGSORT: *Kolfuschg (1645 m), Ortsteil von Corvara, Herzstück des Fremdenverkehrs östlich des Grödnerjochs zwischen Sella- und Puezgruppe an der Staatsstraße 243, Busverbindungen. Von Bruneck (nächster Bahnhof) 40 km, von Bozen 62 km.*

AUSGANGSPUNKT: *Grödnerjoch (2121 m), ladinisch Jëuf de Frea, Übergang aus dem Grödnertal (Wolkenstein 10,5 km) ins Gadertal (Kolfuschg 7,5 km). Drei Berggasthöfe, besonders zu empfehlen ist der Rifugio Alpino Frara, bewirtschaftet Juni bis Oktober. 30 Betten in Zimmern, 25 Matratzenlager. Tel. + Fax 04 721/79 52 25.*

INFORMATION: *Tourismusbüro I-39030 Kolfuschg. Tel. 04 71/83 61 45, Fax 04 71/83 67 44, E-Mail: colfosco@dnet.it, Internet: www.dolomitisuperski.com/altabadia.*

17 Pisciadùhütte

Etwas südöstlich der Pisciadùhütte erhebt sich die bei Kletterern geschätzte Pisciadùspitze. Sie kann aber auch von der diesem Bild abgewandten Seite, von Süden, wenig schwierig erstiegen werden.

manche gestresst vom langen Warten vor den Schlüsselstellen, aber hocherhobenen Hauptes und mit todernstem »Nordwandblick« in Richtung des einfachen Wandervolks ohne Steinschlaghelm, Karabiner, Brust- und Sitzgurte. Hier finden überdies einige ungewöhnliche Freizeit-Spielarten nebeneinander Platz. Ein Grüppchen italienischer Gleitschirmflieger, entweder von der Angst überwältigt oder ohne geeigneten Absprungplatz, trottete beschämt von dannen. Ich habe einen dürren Württemberger getroffen, der, sein 16-Gang-Rennrad geschultert, leicht verschwitzt, aber offensichtlich unbeschadet aus dem Val Setus ankam. Warum er das tue, kam ich nicht umhin zu fragen: »Es isch halt so«, war die lapidare Antwort, und ein polyglottes »fun« hinterher. O.K.!

Vom Grödnerjoch durch das Val Setus

Westlich des Rifugio Alpino Frara (2137 m) mit Markierung 666 über den grasigen Rücken südöstlich des Jochs ansteigen, worauf sich das Weglein links wendet und die Hänge schräg traversiert. Die Sellabastionen erscheinen unbezwingbar. Keine Bange! Nach einer guten Viertelstunde öffnet sich rechts das Val Setus, eine der cañonähnlichen Riesenfurchen, welche die Einzigartigkeit der Sella ausmachen.

In der Schlucht mühsam über feines Geröll. Altschneereste frösteln im Schatten der beidseitigen Wände. Kehren und Serpentinen bringen uns hoch zu einem gestuften, drahtseilgesicherten Felsabsatz im linken Schluchtast. In der Tiefe sind durch das überdimensionale »Fenster« die Mäanderschleifen des Grödnerjochasphalts auszumachen. Weitere Drahtseilsicherungen helfen empor ins Geröll der obersten Region des Val Setus, wo sich die Bergstation der Materialseilbahn befindet (2610 m). Links haltend über die ebene Pisciadùterrasse hinweg und abwärts zur Pisciadùhütte (2585 m). Unterhalb glitzert das flaschengrüne Wasser des Pisciadùsees. Der Tag schenkt uns viel Sonne. Sie wärmt, verwischt Konturen, flimmert unter dem Himmel, will in Klüfte kriechen, prallt an Wände, steigert die Lebenslust!

Zugabe: Die »Schlangen« der Sella

Gemeint sind natürlich die Rückstauschlangen auf der Via ferrata Brigata Tridentina al Pisciadù, so die offizielle Bezeichnung des verwegenen Pisciadùklettersteigs. Er wurde 1967/68 durch die Alpini Brigade Tridentina und den damaligen Hüttenwirt Germano Kostner auf Initiative des CAI Bologna installiert, die Kosten übernahm ein unbekannter Mäzen. Die Wandhöhe beträgt 400 Meter, der Steig ist fast durchgehend mit einem dünnen Drahtseil gesichert, insgesamt 440 Meter, plus 130 Eisenklammern. Absoluter Clou ist die Hängebrücke in Höhe des Exnerturmes. Die Route ist weniger schwierig als der Pößnecker Steig, schwieriger als Santnerpass, Kesselkogel oder Oscar-Schuster-Steig. Wahrscheinlich ist er der überlaufendste Eisenweg der westlichen Dolomiten.

Vom Grödnerjoch zum Pisciadùwasserfall querend erspart man sich zumindest den Stau vor dem untersten Plattenschuss, den die vom Parkplatz Kiesgrube anrückenden Bergsteiger verursachen.

Die Sportgeschäfte in den Tälern tragen ihren Teil zu den »Schlangen« bei. »Noleggio«-Verleih werben sie verkaufstechnisch professionell und meinen damit die Utensilien für all jene, die sich das Vergnügen Klettersteig einmal im Jahr oder vielleicht auch nur einmal im Leben gönnen. Ab ins Gewänd, mit Vorliebe im Familienverband: Mama, Papa, Kinder. Von unten wird geschoben, von oben gezogen! Situationsberichte gehen per »Handy« an Opa und Oma. Sie bilden irgendwo am Grödnerjoch in der langen Schlange parkender Autos die Bodenmannschaft. Hin und wieder Steinschlag. Jemand bricht in Tränen aus, will um alles in der Welt nicht mehr voran. Zurück geht es aber auch nicht. Nachkommende, gezwungen zum Stillstand, beginnen leise zu murren. Waghalsige Überholmanöver werden eingeleitet, hysterisches Kreischen – Berg Heil!

Hüttenweg-Stenogramm

ANFORDERUNGEN: *Trittsicherheit, drahtseilgesicherte Passagen.*
MARKIERUNGEN: *Wegweiser, rotweiße Farbzeichen.*
GEHZEITEN: *Aufstieg 2 Std., Abstieg 1 1/2 Std.*
STEIGUNGEN: *Aufstieg 480 m, Abstieg 25 m.*
KARTE: *Tabacco 1:25 000, Blatt 05.*

Gegenüberliegende Seite: Die Riesenschlucht des Val Setus; in der Tiefe etliche Schleifen der Grödnerjoch-Passstraße.

18 Langkofelhütte 2253 m

Langkofelhütte

(ital. Rifugio Vicenza al Sassolungo), 2253 m. Im unteren Langkofelkar. CAI-Sektion Vicenza. Tel. 04 71/79 23 23, Tel. Tal 04 71/79 69 20. Bewirtschaftet letzte Juniwoche bis Anfang Oktober. 20 Betten, 40 Matratzenlager, 5 Notlager. Winterraum offen. Kürzester Zugang aus dem Grödnertal: Vom Mont de Seura (2025 m, ab St. Christina Seilbahn und Lift) etwas mehr als 1 Std. Vom Sellajochhaus 2 Std.; bei Benutzung des Liftes in die Langkofelscharte nur 3/4 Std. Abstieg.

Lichtarm der labyrinthähnliche Kessel, plutonisches Gefilde, getürmtes Chaos aus Stein – das Langkofelkar fraternisiert nur wenige Stunden mit der Sonne. In dieses Schattenreich, wo die Schotterströme des Langkofelkars und Plattkofelkars zusammenfließen, baute die Akademische Alpenvereinssektion Wien eine mit AV-Schlüssel zugängliche Selbstversorgerhütte und eröffnete sie am 9. September 1894. »Innen vertäfelt« nach der damaligen Mode bemerkt noch im gleichen Jahr die Zeitschrift des Deutschen und Oesterreichischen Alpenvereins und zählt »im Erdgeschoss einen Raum mit Herd und 7 Schlafstellen, im Dachgeschoss einen Schlafraum mit 3 und 4 Schlafstellen (für Damen können Schlafstellen durch Vorhänge abgeschlossen werden)«. Um den Standort des Hüttenplatzes zu begreifen, muss man wissen, dass damals selbstverständlich kein Lift in die Langkofelscharte schaukelte und dort erst 1959 eine Unterkunft erwuchs. Und die am wenigsten schwierigen Touren auf die umstehenden Gipfel – ausgenommen Plattkofel – starten im Amphitheateroval, bestehend aus Langkofelkar und Plattkofelkar.

Nordwestlich des Karschlundes auf dem Confinboden soll der Legende nach einst ein großes Schloss gestanden haben, darin eine liebreizende Königstochter wohnte. Diese rettete eine Nachtigall vor den Tod bringenden Fängen eines Habichts und erhielt als Dank für die gute Tat die Fähigkeit, sich in eine Nachtigall zu verwandeln (Ladinisch »La dsiryòla dal Saßléng« – »Die Nachtigall vom Langkofel«). Doch die Prinzessin verlor die Verwandlungsfähigkeit und musste fortan fern ihrer Lieben in den Wäldern leben. Zuweilen sei ihr Gesang zu hören, überlieferten die Alten, denn keine andere Nachtigall singt so hell und herzergreifend wie die verzauberte Königstochter …

Touristische Hauptpforte für das Langkofelkar ist die zwischen Langkofel und Fünffingerspitze eingekerbte Langkofelscharte, am schnellsten erreichbar mit den Gondeln ab Sellajochhaus. Anschließend abwärts, im Winter rasant auf Skiern, allerdings ohne Piste. Kürzer, jedoch landschaftlich weniger eindrucksvoll, gestaltet sich der Zugang vom Mont de Seura. Der knapp zweieinhalbstündige Santnerweg von Monte Pana ist in Vergessenheit geraten. Lohnendste Unternehmung ist die Einbindung der Langkofelhütte in die Schleife um den Langkofel, eine der großartigsten Rundtouren in den westlichen Dolomiten.

Die Gipfel sind alle verhältnismäßig schwierig zu erklimmen (ausschließlich III. und IV. Grad). Selbst der stark frequentierte Oscar-Schuster-Steig auf den Plattkofel hat stellenweise Schwierigkeiten I. und II. Grades, sympathischerweise keineswegs lineal an Draht und Eisen. Steinschlaggefahr besteht durch Vorausgehende. Beste Jahreszeit ist der Spätsommer. Bewertung: schwieriger als der Kesselkogel, aber leichter als der Pößnecker Steig. Bei Vereisung ist von der Tour abzuraten!

Das Sellajochhaus. Dahinter ein Teil des Langkofels (Langkofeleck, rechts), Langkofelscharte, Fünffingerspitze, Grohmannspitze.

Zugabe: Der Kreis schließt sich

Von der Langkofelhütte abwärts in wenigen Minuten zum Stradalweg (Markierung 526). Auf ihm rechts haltend das Langkofelkar verlassen. Fast eben unter den westlichen Ausläufern des Langkofels durch den latschenbewachsenen Hang, dann Steigung in Kehren zum höchsten Punkt des Weges. Weiter in den Sattel zwischen Piz Ciaulong (Kreuz) und Langkofelstock. An der Gabelung rechts halten (Markierung 526a). So hoch wie möglich bzw. Höhenverluste vermeidend zum privaten Rifugio Emilio Comici (2153 m): Erinnerung an den Top-Extremkletterer und Bürgermeister von Wolkenstein (siehe Wanderung 9). Wir sind unter dem scheinbar erdrückenden, in sich wild zerrissenen, 1½ Kilometer breiten Riesenleib des Langkofels.

Vom Hütteneingang südöstlich etwas absteigen, dann rechts haltend den Wegen 526, 528 nachgehen zur so genannten »Steinernen Stadt«, den Überresten eines vor Menschengedenken erfolgten Langkofel-Bergsturzes. Bulldozzer haben das Naturdenkmal in einer Nacht-und-Nebel-Aktion rechtswidrig zerstört, haben Pisten für den Wintersport gerissen. Forza profitto!

Etwa eine Viertelstunde nach der Emilio-Comici-Hütte treffen wir wieder beim Sellajochhaus (2180 m) ein.

Die Langkofelhütte im Langkofelkar.

Touristik

AUSGANGSORT: *Wolkenstein (1563 m), ladinisch Sëlva Gherdëina. Fremdenverkehrsort im oberen Grödnertal. Von Waidbruck 21 km (nächster Bahnhof), von Klausen 27,5 km (Autobahnanschlussstelle), Busverbindungen, Seilbahn und Fahrsträßchen zum Monte Pana; von dort Sessellift zum Mont de Seura.*

AUSGANGSPUNKT: *Sellajochhaus (2180 m). CAI-Sektion Bozen. An der Sellapassstraße 9 km von Wolkenstein, 1 km unterhalb des Sellajochs, von Canazei 12,5 km, Busse im Sommer, Parkplätze. Unweit der Hütte Talstation des Gondellifts in die Langkofelscharte zur Toni-Demetz-Hütte; Betriebszeiten im Sommer 8.00–18.00 Uhr.*

INFORMATION: *Tourismusbüro I-39048 Wolkenstein. Tel. 0471/795122, Fax 0471/794245, E-Mail: selva@val-gardena.com, Internet: www.val-gardena.com.*

Über die Langkofelscharte

Selbst auf die Gefahr hin, als Ketzer wider den asketischen alpinen Gedanken verdammt zu werden, und auch um ehrlich zu sein: Ich bin noch nie zu Fuß in die Langkofelscharte gegangen. SELLAJOCHHAUS – STEHGONDELLIFT -TONI-DEMETZ-HÜTTE ist die Alternative zu mühsamen 1¹/₄ Stunden im Geröll. Der ladinische Felsfuchs und Bergführer Hans Demetz hat die Toni-Demetz-Hütte 1959 im Gedächtnis seines 1952 am Langkofel als Bergführer durch Blitzschlag verunglückten Sohnes Toni erbaut und fast ein halbes Menschenleben bewirtschaftet.

Jenseits der Scharte empfängt uns eine mit riesigen Blöcken gefüllte Mulde. Nach etwa zehn Minuten zweigt rechts der »Normalweg« auf den Langkofel ab. Dauer vier bis fünf Stunden, in der oberen Hälfte Stellen III. Grades, sonst meist I. und II. Grad. Für die »Untere Eisrinne« sind Pickel und Steigeisen empfehlenswert (einzementierte Haken in 20-Meter-Abständen).

Kehrenreich hinunter auf eine Hochkarsohle und zur LANGKOFELHÜTTE (2256 m).

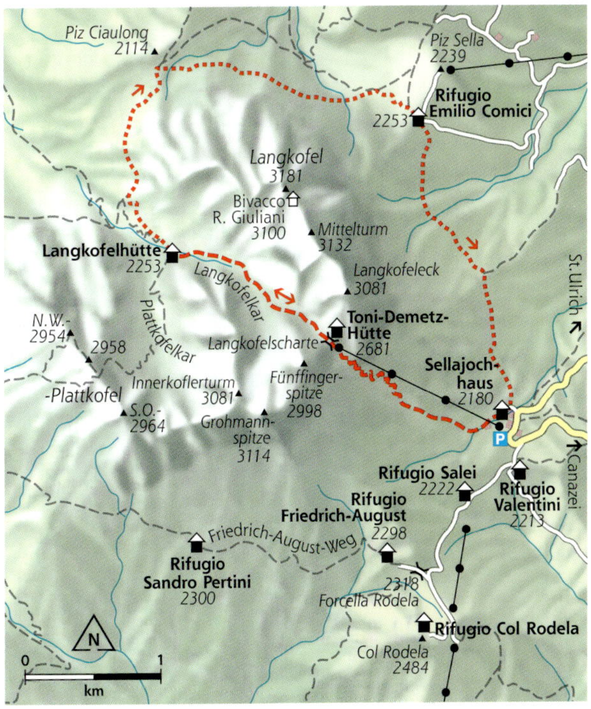

Hüttenweg-Stenogramm

ANFORDERUNGEN: *Unschwierig, Trittsicherheit erforderlich, Vorsicht bei Altschnee im Langkofelkar.*

MARKIERUNGEN: *Rotweiße Farbzeichen, Wegweiser.*

GEHZEITEN: *Vom Sellajochhaus 2 Std.; bei Liftbenutzung ³/₄ Std. Abstieg. Für die gesamte Langkofelrunde bei Liftbenutzung etwa 3¹/₄ Std.*

STEIGUNG: *510 m (ohne Liftbenutzung), bei der Langkofelrunde insgesamt etwa 700 m.*

EINKEHR UNTERWEGS: *Toni-Demetz-Hütte, privat, auch Übernachtung.*

KARTE: *Alpenvereinskarte 1:25 000, Blatt 52/1.*

19 Plattkofelhütte 2300 m

Die Plattkofelhütte im Fassajoch vor dem jüngsten Umbau.

Charakteristikum und namengebende Erscheinungform des Plattkofel (ital. Sasso Piatto) ist seine tektonisch ungewöhnliche, ausgedehnte, etwa 30 Grad geneigte, einförmige Südwestabdachung aus Schlerndolomit. Der westlichste Bergstock der Langkofelgruppe hat dem privaten Schutzhaus zu seinen Füßen bei dem aus vulkanischem Gestein bestehenden Fassajoch, hoch über dem hinteren Durontal, seinen Namen verliehen. Die erste Hütte fiel 1953 einem Brand zum Opfer. Die Familie Kaseroller aus Gufidaun oberhalb von Klausen baute die Hütte unweit des alten Standorts im Jahr 1973 wieder auf. Der jüngste Umbau erfolgte 1998.

Fast sternförmig gehen Wege aus und münden, beispielsweise von der Seiser Alm bzw. dem Berghaus Zallinger und der Mahlknechthütte, aus dem Langkofelkar, aus dem Durontal vom Rifugio Micheluzzi, ab dem Sellajochhaus. Von dort kommt der überwiegende Teil der Besucher infolge der geringen Höhenunterschiede und der wunderbaren Traverse. Sie ist identisch mit dem Friedrich-August-Weg, dem Höhenwegklassiker, der auf Anregung des Sachsenkönigs Friedrich August (1865–1932) nach dessen Wanderung vom Pordoijoch zur Seiser Alm entstand. Das veranlasste Franz Dialer, Wirt des Dialer-Hauses (heute Casa del TCI), im Jahr 1906, den Hirtenpfad vom Sellapass über neun Kilometer zu seinem Berggasthof zu markieren. Damit erhielt seine Majestät, mit Vorliebe anonym in den Dolomiten wandernd, ein unvergängliches Andenken.

Seitdem hat sich vieles verändert. Auch vor dem Gebirge haben die zerstörerischen Entwicklungen des 20. Jahrhunderts nicht halt gemacht. Das Edelweiß ist hier so gut wie ausgestorben, indes findet sich im Geröll neben anderen noch der Kiessteinbrech (Saxifraga mutata) und die Berggrasnelke (Armeria montana) und an den Sonnenlehnen steht zwischen Juli und September die Alpenaster (Aster alpinus).

Man sollte warten, bis das Frühjahr den Schnee aus den Südhängen geschmolzen hat, sonst ist der Weg schmierig und bringt keinen Spaß. Neben dem Sellajochhaus kommt auch der Col Rodella als Ausgangspunkt infrage. Der Col Rodella gilt als einer der besten Plätze für grandiose Rundblicke in den Dolomiten: Marmolada, Großer Vernel, südliche Langkofelgruppe, Sellastock mit dem »Sahnehäubchen« Piz Boè, das gesamte obere Fassatal. Außerdem ist die Gipfelkuppe geologisch beachtenswert; sie besteht aus einem Rest Marmoladakalk, den seitwärts vulkanische Tuffe überlagern.

Friedrich-August-Weg

Vom Sellajochhaus (2180 m), das an diesem Platz seit über 100 Jahren Tisch und Bett bietet, laufen wir zunächst gute fünf Minuten auf der Straße in Richtung Passhöhe. Dann rechts ab und dem Fahrweg folgen. Berggasthäuser machen ihre Aufwartung. Links oben der Rifugio Carlo Valentini. Auf der Veranda des privaten Rifugio Salei (2222 m) sitzen Wanderer beim zweiten Frühstück. Der Rifugio ist identisch mit der früheren Grohmannhütte; Bruno, Grödner und Besitzer, hat die Namensänderung bewirkt.

Touristik

AUSGANGSORT: *U. a. Wolkenstein, siehe Wanderung 18.*

AUSGANGSPUNKT: *Sellajochhaus (2180 m), CAI-Sektion Bozen. An der Sellapassstraße 9 km von Wolkenstein (Busse im Sommer), 1 km unterhalb des Sellajochs, von Canazei 12,5 km. Parkplätze.*

INFORMATION: *Siehe Wanderung 18.*

Hinauf in die breite Senke der Forcella di Rodella (2308 m). Rechts wenige Minuten zur ebenfalls privaten Friedrich-August-Hütte (2298 m), erbaut 1974, geführt von der Deutsch sprechenden Familie Prinoth aus Campitello im Fassatal. Bestens markiert durchmisst der Höhenweg die blumenreichen Flanken aus vulkanischen Tuffen und geht schrofige Gräben aus. In einer Bergsturzzone hören wir zuweilen den gellenden Warnpfiff eines Murmeltiers. Nördlich besticht die 600 Meter hohe Südwand der Grohmannspitze (3126 m), in welcher der berühmte Heinrich Harrer 1936 eine Direktführe fand. Erstbestei-

Gegenüberliegende Seite: Der Plattkofelgipfel. Blick in die monumentale Langkofelarena.

19 Plattkofelhütte

Plattkofelhütte

(ital. Rifugio Sasso Piatto), 2300 m. Privat. An der Südwestecke der Langkofelgruppe. Tel. 04 62/60 17 21, Tel. Tal 04 72/84 41 12. Bewirtschaftet von Mitte Juni bis Mitte Oktober. 20 Betten, 30 Matratzenlager, 10 Notlager. Friedrich-August-Weg vom Sellajochhaus 2 Std., vom Berghaus Zallinger/Seiser Alm 50 Min., von der Micheluzzihütte/Fassatal 1¼ Std., vom Mont de Seura (Seilbahnlift von St. Christina/Grödnertal) 2¼ Std.

Auf dem Friedrich-August-Weg zur Plattkofelhütte angesichts von Innerkoflerturm (rechts) und Zahnkofel.

Langkofel (links) und Plattkofel – dazwischen das Langkofelkar – von Westen gesehen.

gung des Gipfels 1880 durch den Sextener Michl Innerkofler. Der Name »Grohmannspitze« erinnert an den maßgeblichen frühen Dolomitenerschließer Paul Grohmann (1838–1908) aus Wien. Der sich links anschließende kühne Innerkoflerturm (3098 m) ist nach Michl Innerkofler benannt. Der Sextener Bergführer nahm ihm am gleichen Tag wie der Grohmannspitze seine Unberührtheit. Und wiederum links folgt der Zahnkofel (3001 m), unschwer an seiner Gestalt erkennbar; erklommen 1889 durch den Fassaner Führer Luigi Bernard.

Etwa eine halbe Stunde nach der Friedrich-August-Hütte empfängt uns der 1986 erstellte Rifugio Sandro Pertini (2300 m). Die Unterkunft trägt den Namen von Alessandro Pertini, dem von den Faschisten verbannten sozialistischen Politiker und italienischen Staatspräsidenten (1978–1985).

Wir sind jetzt noch etwa 45 Minuten von unserem Wanderziel entfernt. Hinter einem sandigen Rücken queren wir mit Höhenverlust die weite Mulde oberhalb der Malga del Sasso Piatto (Plattkofelalm) und erreichen die Plattkofelhütte (2300 m).

Zugabe: Wissenswertes vom Plattkofel

Einziger unschwierig erreichbarer Gipfel der Langkofelgruppe, von der Plattkofelhütte 2 Stunden bei eintönigem Aufstieg. Den First des Berges bildet ein 750 Meter langer Grat. Er trägt die höchste Erhebung, den Südostgipfel (2964 m), den Mittelgipfel (2955 m) mit dem Metallkreuz sowie den Nordwestgipfel (2938 m), eine Aussichtswarte par excellence.

Zur Routenfindung tragen Farbzeichen und Steinmänner bei. Lasten Nebel über der Flanke, wird die Orientierung zum Glücksspiel. Beim Schärtchen am Gipfelgrat, wo auch der Oscar-Schuster-Steig von der Langkofelhütte (Wanderung 18) mündet, halten wir uns links und erreichen am schrofigen Grat in wenigen Minuten das Kreuz. Trittsicherheit ist dafür erforderlich.

Hüttenweg-Stenogramm

ANFORDERUNGEN: *Unschwierig, kein Schatten.*
MARKIERUNGEN: *Wegweiser, rotweiße Farbzeichen.*
GEHZEITEN: *Hinweg 2 Std., Rückweg 1½ Std.*
STEIGUNGEN: *Auf dem Hinweg etwa 220 m, auf dem Rückweg etwa 120 m.*
EINKEHR UNTERWEGS: *Rifugio Salei (auch Übernachtung), Friedrich-August-Hütte (Übernachtung), Rifugio Pertini (Übernachtung).*
KARTE: *Alpenvereinskarte 1:25 000, Blatt 52/1.*

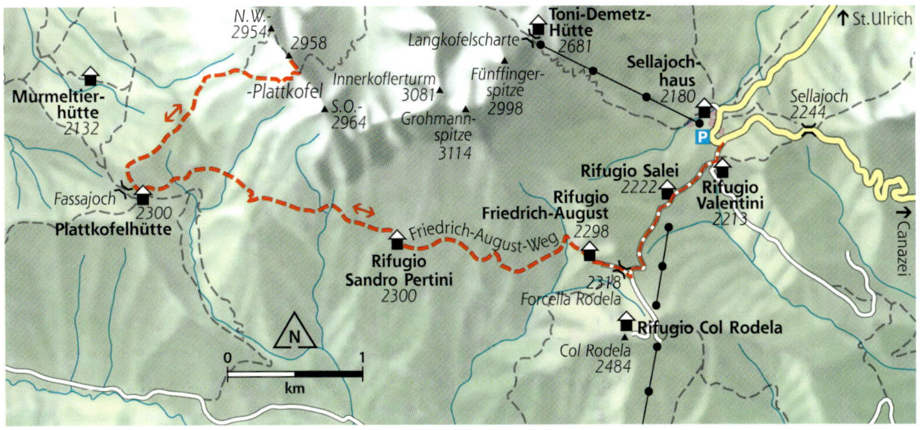

20 Santnerpasshütte 2734 m

Santerpasshütte

Privat. Im Santnerpass zwischen Rosengartenspitze und Laurinswand. Tel. 04 71/64 22 30, Tel. Tal 04 62/50 14 03. Bewirtschaftet letzte Juniwoche bis Ende September. 8 Betten, 15 Matratzenlager, 7 Notlager. Von der Rosengartenhütte 1 3/4 bis 2 Std., von der Vajolethütte 1 1/4 Std., von Gardeccia 2 1/2 Std.

Laurinswand mit Santnerpasshütte im gleichnamigen Sattel.

Touristik

AUSGANGSPUNKT: *Rosengartenhütte (2339 m). An der Westseite des Hauptkamms. CAI-Sektion Verona. Bewirtschaftet letzte Juniwoche bis Ende September. Tel. 04 71/61 20 33, Tel. Tal 04 62/76 44 61 oder 04 62/76 63 81. Von der Frommeralm (1743 m, Nigerstraße Tiers-Karerpass; Busverbindungen) Sessellift; Betriebszeiten Mitte Juni bis Mitte Oktober 8.30–12.15 Uhr, 13.30–18 Uhr. Zu Fuß 1 3/4 Std., von der Paolinahütte 1 Std.*

INFORMATION: *Tourismusbüro I-39050 Tiers. Tel. 04 71/64 21 27, Fax 04 71/64 20 05, E-Mail: tiers@rolmail.net, Internet: www.tiers-rosengarten.com.*

Für Südtiroler und kundige Dolomitenfreunde dürfte Johann Santner, im Jahr 1912 im Alter von 72 Jahren verstorben, eine feste Größe sein. In erster Linie natürlich in Anbetracht der Santnerspitze, des riesigen Schlernzackens, den er am 2. Juli 1880 eroberte, allein und ohne Seil, an manchen Passagen barfuß kletternd. Sie hat ihn unsterblich gemacht. Santner, 1840 in St. Jakob im Defereggental als Sohn eines Bauern geboren und gelernter Uhrmacher, hatte 1875 endgültig in Bozen Fuß gefaßt und verdiente seinen Lebensunterhalt mit dem Verkauf bzw. Versand von Bergblumen. In den einsamsten Winkeln des Tschamintals hegte er seine Edelweißgärten, zu denen kein Unberufener den Weg fand. Die Blumen wurden nach einem selbst entwickelten Verfahren getrocknet und in kunstvoll gebundenen Sträußen oder gepresst, auf Karton geschmackvoll gruppiert, angeboten. Der Autodiktat betrieb die Pflanzenkunde geradezu akribisch und korrespondierte mit rennomierten Botanikern. Eine seiner Lebensweisheiten lautete: »Wer Land und Leute kennen lernen will, der darf an keinem Wirtshaus vorbeigehen.«

Santners Tourenbuch verzeichnet rund 60 führerlose Erstbesteigungen und Erstbegehungen, viele davon als Alleingänger, im Rosengarten u. a. der Kesselkogel von Westen sowie erstmals im Winter, der Laurinspass aus dem Purgametschkar, Kleiner Valbonkogel, Mittlere und Nordöstliche Grasleitenspitze, 1887 mit Gottfried Merzbacher Schwierigkeiten bis zum IV. Grad meisternd den Rosengartenspitze-Südgrat und nicht zuletzt die Route durch die Wandflucht des Rosengarten-Hauptkamms in den nach ihm benannten Pass.

Mittlerweile ist der Santnerpassweg nicht ausschließlich eigenständiges Tourenziel, sondern gleichzeitig Verbindung zwischen der 1899 von der Alpenvereinssektion Rheinland gegründeten Kölner Hütte wie die 1966 abgebrannte, 1969 wiedererbaute Rosengartenhütte bzw. der Rifugio Aleardo Fronza alle Coronelle der CAI-Sektion Verona noch genannt wird, und der 1965 erstellten Santnerpasshütte, der höchstgelegenen Unterkunft im Rosengarten. Obwohl keine ausgesprochenen technischen Schwierigkeiten zu bewältigen sind, muss jeden Sommer die Bergrettung mehrmals zum Santnerpassweg ausrücken, um Hilfsdienste zu leisten, klagt Vittorio Trottner, Chef der Rosengartenhütte.

Dem ersten Anblick nach scheint die monumentale Barriere auch für »normale« Bergsteiger machbar. Beim Näherkommen stellt sich dann heraus, dass die Route sogar ausgeprägt ist. Streckenweise nicht einsehbar schlängelt sich der Steig durch die kulissenartig gestaffelten Felsformationen. Probleme kann nur die nach unten hin steil abbrechende so genannte »Eisrinne« bereiten, wenn das Drahtseil von dem oftmals beinharten Altschnee verdeckt ist.

Der Santnerpassweg

Der Aufbruch sollte vor allem im August so früh wie möglich erfolgen, am besten vor Inbetriebnahme des Liftes. Nur so »überlistet« man die Massen und vermeidet Stausituationen sowie unangenehme Ausweichmanöver mit Entgegenkommenden, sukzessive Absteigenden. Für den Rückweg rate ich zur Rundtour über Vajolethütte–Tschagerjoch–Rosengartenhütte; Gehzeit etwa 6 Stunden.

Einstieg hinter der ROSENGARTENHÜTTE, etwas oberhalb in den Felsen. Gut gestuft – abgeschmierte Griffe und Tritte – durch die schluchtähnliche Rinne, »kraxelnd« und rechts haltend über einen felsigen Einriss zum Ausstieg. Nun schwach links haltend zu den Drahtseilen, die schräg links hochleiten zur ausgeprägten, geröllbedeckten Terrasse in der Wandflucht des Baumannkamms. An der Weggabelung schwach links halten (rechts ins Tschagerjoch) in nördliche Richtung, bis das Terrassenband unter den westlichen Ausläufern der Laurinswand endet. Hier beginnt der eigentliche »Klettersteig«. Über Absätze aufwärts, über Bänder und Stufen, kleine Schluchten querend. Weiter oben geht es mit Hilfe von Eisenklammern zu einem Schärtchen. Zwischendurch ergeben sich Rückblicke auf die rissigen Zacken des Latemars; in der Tiefe ist die unschöne Feriensiedlung Karersee zu sehen.

In einem Kamin bringt uns eine eiserne Leiter empor zum nächsten Schärtchen. Von dort etwa 30 Meter absteigend in die schätzungsweise 20 Meter breite Eisrinne, die Schlüsselstelle. Erfahrungsgemäß sind Stufen im Firn ausgetreten und führen uns schräg hoch. Oberhalb der Schlucht links haltend, erneut an Drahtseilen, in eine kleine Scharte. Von dort an Eisenstiften und Drahtseilen weiter, rampenähnlich. Schließlich vom Ausstieg links hinunter zur SANTNERPASSHÜTTE (2734 m).

Zugabe: Schwierige Gipfel

Die Santnerpasshütte hat durch Position, Höhe und Zugang eigentlich schon Gipfelcharakter. Die umstehenden Berge sprengen den Rahmen des Wanderns. Zur Rosengartenspitze, dem zweithöchsten Berg (2981 m) der Rosengartengruppe, auf der Normalführe vom Santnerpass in 2 Std. in den Schwierigkeitsgraden II und I, etwa 20 Meter im Schwierigkeitsgrad III. Die Laurinswand wird von hier sehr selten erstiegen: Im Schwierigkeitsgrad bis II+ und stellenweise sehr brüchig. Die Vajolettürme sind zwar einmalig, erfordern aber mindestens die Beherrschung des Schwierigkeitsgrads IV. Als Beispiel sei der Delagoturm (linker Turm) mit der scharfen, unvergleichlichen, so genannten »Delagokante« genannt, für mich die zugkräftigste Herausforderung dieses Schwierigkeitsgrads in den Dolomiten.

Der Teil der Rosengartenfront, durch den der Santnerpassweg verläuft; links die Laurinswand.

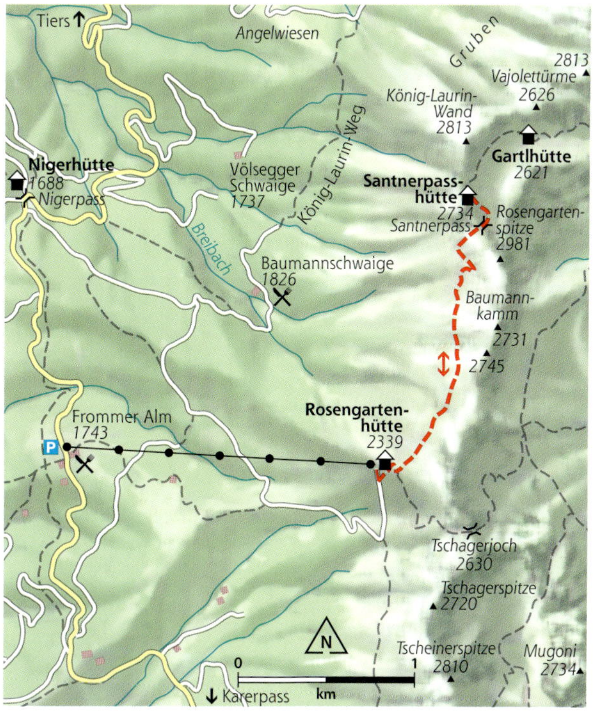

Hüttenweg-Stenogramm

ANFORDERUNGEN: *Trittsicherheit und Schwindelfreiheit. Etliche Stellen mit Schwierigkeitsgrad I. Riskant bei Gewittern und nach schneeträchtigen Wetterstürzen.*
MARKIERUNGEN: *Rotweiße Farbzeichen.*
GEHZEIT: *Aufstieg $1\frac{3}{4}$–2 Std.*
STEIGUNG: *420 m.*
KARTE: *Mapgraphic 1:25 000, Blatt 11.*

21 Paolinahütte 2127 m

Paolinahütte mit Rotwand-Südwestwand; rechts davon ein Teil der Teufelswand.

Das Abendglühen der Rosengartenwände, die sagenhafte »Enrosadira«, wie es im Ladinischen besonders schön klingt, leuchtet bis in die Straßen von Bozen. Kein Wunder, dass ein so weithin sichtbares Gebirge, das überdies noch von einer internationalen Touristenstraße, der Großen Dolomitenstraße, gestreift wird, seit jeher bevorzugt bergsteigerische Ambitionen besonders Deutscher und Österreicher weckte, und das lange vor Beginn des 19. Jahrhundert. Für Italiener ist es der Catinàccio, abgeleitet vom ladinischen Bergnamen Tjadenàtse – sprich Tschadenàtsch –, was Pflugschar heißt und sich ursprünglich nur auf die Rosengartenspitze bezog, deren Gipfelaufbauten von Nordosten betrachtet zusammengezogen eine Art Schaufelform aufweisen.

Die südlichsten Rosengartenausläufer, die sich in Gestalt der Rotwand ein letztes Mal gewaltig aufbäumen, reichen fast an den Karerpass heran. Den erwähnt 1774 die Karte des Peter Anich als »Caressa-Paß« (der Karersee heißt »Korer-See«), offenbar abgeleitet von dem ladinischen Namen La Mont de Carezza. Die italienische Bezeichnung Passo di Costalunga ist insofern berechtigt, weil die alte Passroute aus dem Fassatal von Moena durch das Tal des Rio di Costalunga verlief.

Im Karerpass beginnt der kürzeste »Talzugang« für den Aussichtspunkt Paolinahütte, sofern man sich nicht des Sessellifts vom Feriendorf Karersee bedient. Die klassische Höhenroute stellt der etwa fünf Kilometer lange Hirzelweg von der Rotwandhütte dar, benannt nach Caspar Hirzel-Escher, dem Leipziger Verleger alpiner Reiseliteratur. Am Weg steht der 2,70 Meter hohe Adler des Christomannosdenkmals, eingeweiht 1912 zu Ehren von Dr. Theodor Christomannos (1854–1911): In Wien als Sohn griechischer Eltern geboren, 1871/72 Gymnasiast in Bozen, 1890 Sekretär des Alpenvereins Meran, 1891 bis 1894 dessen Präsi-

Paolinahütte

Privat. Südlicher Rosengarten, nördlich des Karerpasses. Tel. 0471/612008, Tel. Tal 0471/613281 oder 612072. Bewirtschaftet von Anfang Juni bis Ende Oktober. 16 Betten, 10 Matratzenlager, 5 Notlager. Sessellift-Betriebszeiten 8.00–12.15 Uhr, 13.30–18.30 Uhr. Vom Karerpass 1 Std., von der Rosengartenhütte etwa 3/4 Stunden, von der Rotwandhütte 3/4 Std. Im Winter (Skipisten) Restaurantbetrieb.

Zugabe: Rotwand so oder so

Wir müssen uns zu Anfang nicht unbedingt festlegen, ob wir die Überschreitung oder direkte Rückkehr vom Gipfel wählen. Generell erfolgt der Aufbruch bei der Paolinahütte, an der Rückseite der Sesselllift-Bergstation. Zunächst nördlich genau wie Markierung 539 die Hänge traversieren in Richtung Rosengartenhütte. Nach 30 Minuten rechts in spitzem Winkel abzweigen. Etwa zehn Minuten auf dem Hirzelweg (Markierung 549). Auf ihm rechts, dann scharf links (ein Stück vor dem großen Felsblock mit Eisenleiter) und aufwärts in die vom Vajolonpass herabziehende Geröllrinne, in welcher der Steig hochführt. Rechterhand schnellt senkrechter, rotgelber Dolomitfels empor: die scheinbar mauerglatte, 450 Meter hohe Südwestwand der Rotwand. Dort durfte ich pures Abenteuer durchleben in dramatischen Stunden am Rande des Lebens, Bergnot, Todesfurcht und Todesmut auf der Hermann-Buhl-Gedächtnisführe beim Versuch der sechsten Begehung; gerettet von der Welschnofener Bergwacht unter Sepp Pichler. Im Folgejahr dann Felsakrobatik auf der Maestriführe, deren Einstieg eine riesige Verschneidung bildet.

Unser Steig überwindet eine Felsstufe (Drahtseil, Leiter). Von hier sind es noch 15 Minuten in den Vajolonpass (2560 m). Ab der Hütte 1½ Stunden.

Aus dem Sattel rechts (südlich) zum felsigen Aufschwung des Nordgrats und zum ersten Drahtseil. Den Sicherungen folgend – zwischendurch Steigspuren – über den hier bis zu 50 Meter breiten Grat, der sich allerdings zu einer luftigen Schneide entwickelt. Etwa nach 45 Minuten an einer Gedenktafel vorbei und in 15 Minuten zum Kreuz auf der Rotwand. Ab der Hütte 2½ Std.

Abstieg über die grasige Südostabdachung. Weiter unten helfen Drahtseile. Die Rechtsabzweigung (Tafel) des Masarèklettersteigs lassen wir unbeachtet. Noch einige Drahtseile, Felsstufen, ehe wir das Geröll erreichen und von Pfadspuren zur Rotwandhütte (2280 m) geleitet werden. Auch sie riss der Faschismus in den Schicksalsstrudel aller DOeAV-Hütten auf italienischem Boden. Von der Sektion Welschnofen 1910 erbaut mit finanzieller Unterstützung des Stuttgarter Fabrikanten Karl Ostertag-Sigle und nach seinem Mäzen benannt kam die Hütte nach dem Ersten Weltkrieg als Rifugio Roda di Vaèl (Rotwandhütte) in den Besitz des CAI.

Auf rühmlicher Hangtrasse (Markierung 549) etwa 15 Minuten zum Christomannos-Denkmal (2349 m). Etwa 50 Meter danach zweigt unsere Runde links ab (rechts Hirzelweg zur Rosengartenhütte) und senkt sich zur Paolinahütte.

dent, wurde er zum Förderer des Fremdenverkehrs (Grand Hotel Karersee, Dolomitenstraße).

Das Ansehen der Paolinahütte unterstreicht die stete Inanspruchnahme als Basis für den Rotwand-Klettersteig, den populärsten und leichtesten der Gruppe, sowie für alle damit verbundenen Überschreitungen der Rotwand hin zur Rotwandhütte und Abschluss des »Giro« am Hirzelweg (ca. 5 Std.). Allerdings ist der Abstieg zur Rotwandhütte auf der Ostseite insbesondere bei Nässe oder Schnee etwas schwieriger als der Rückweg am gesicherten Nordgrat.

Vom Karerpass

Auf dem Karerpass (1752 m) an der Ostseite der Pension Rosengarten von den Hinweiszeigern auf breitem Weg nordöstlich getreu der Markierung 552 über Wiesen in den ausgeholzten Wald. Bald stoßen wir auf einen Fahrweg. An seiner Gabelung – eine Viertelstunde vom Karerpass entfernt – geht es halblinks weiter bergan (Markierung 552). Die Hänge queren und zur Holzhütte auf einem Wiesenrücken. Dort rechts. In langen Kehren annähernd parallel zum Rosengarten-Sessellift über den grasigen Hang zur Paolinahütte (2127 m). Paolina? So hieß eine bildhübsche Kellnerin der einstigen Ostertaghütte (Rotwandhütte). Nach ihr benannte man einen Felsturm, an dem Sepp Pichler aus Welschnofen eine Erstbegehung gelang, weshalb er den von ihm 1954 gegründeten, 1982 erweiterten Stützpunkt Paolinahütte taufte. Sepp Pichler verstarb 1988. Seine Frau Anna führt die Pension in Welschnofen. Sohn Hermann verwaltet das im anvertraute Erbe vorbildlich!

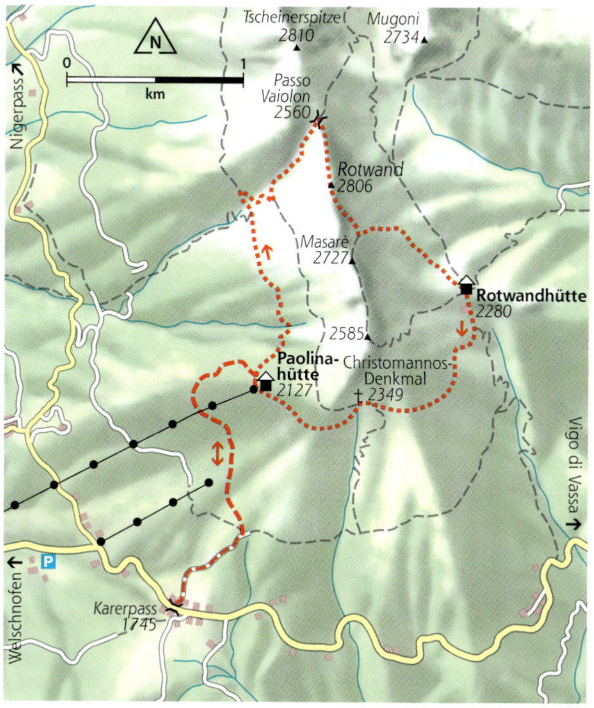

Hüttenweg-Stenogramm

ANFORDERUNGEN: *Unschwierig, ohne Schatten, bei Nässe rutschig.*
MARKIERUNGEN: *Wegweiser, rot-weiße Farbzeichen.*
GEHZEITEN: *Aufstieg 1 Std., Abstieg 40 Min.*
STEIGUNG: *380 m.*
KARTE: *Mapgraphic 1:25 000, Blatt 11.*

Touristik

AUSGANGSPUNKT: *Karerpass (1752 m). An den südlichsten Ausläufern des Rosengartens, Grenze der Provinzen Bozen und Trient. Von Bozen 30 km (nächster Bahnhof), von Vigo di Fassa 8,5 km, Busverbindungen.*
INFORMATION: *Tourismusbüro I-39056 Welschnofen. Tel. 0471/613126, Fax 0471/613360, E-Mail: info@welschnofen.com, Internet: www.welschnofen.com*

Auf dem Gipfel der Rotwand. Im Hintergrund links der Kesselkogel.

22 Vajolethütte 2243 m

Vajolethütte

Rosengartengruppe. Auf dem flachen Absatz der Porta Neigre. CAI/SAT-Sektion Trento.
Tel. 0462/763292,
Tel. Tal 0462/769045.
Bewirtschaftet Mitte Juni bis Ende September.
140 Matratzenlager; Winterraum offen.
Von Gardeccia 50 Min., von der Tierser Alplhütte 2½ Std., von der Santnerpasshütte 1 Std.

Gegenüberliegende Seite: Der Winklerturm der Vajolettürme von der Vajolethütte aus betrachtet; links das Gartl und ein Teil der Punta Emma.

Wie bei den Schlernhäusern müsste man hier von den Vajolethütten sprechen, denn durch mehrmalige, den »Anstürmen« angepasste Zu- und Umbauten – die jüngsten erfolgten 1991 und 1995 – schälte sich ein Komplex heraus, der kaum noch an das 1897 von der Alpenvereinssektion Leipzig gegründete Schutzhaus erinnert. Wir sind im bergsteigerischen Zentrum des Rosengartens, an seiner touristischen Drehscheibe.

Droben, im so genannten Gartl, über dessen steinerner Schale die Vajolettürme in erlesenen Formen paradieren, soll sich das Schicksal des Zwergenkönigs Laurin und seiner Untertanen erfüllt haben. Die Mär ist Teil germanischer Heldensagen, überliefert in dramatischen Versionen. Unschätzbare Verdienste gebühren vornehmlich dem im k.u.k. Kroatien geborenen Gelehrten und Schriftsteller Karl Felix Wolff (1879–1966), dessen lesenswertes Buch »Dolomitensagen« Übersetzungen in mehrere Sprachen erfuhr.

Dass Laurin einen Gürtel trug, der ihm die Kraft von zwölf Männern verlieh, und dass ihn eine Tarnkappe unsichtbar machen konnte, darüber sind die Interpreten einer Meinung. Nach jüngsten Forschungen (Wolff) sei der König kein bösartiger Gnom, son-

Die zu einem Gebäude-Ensemble gewachsene Vajolethütte. Rechts die Preußhütte, inzwischen wieder aufgebaut.

22 Vajolethütte

Touristik

AUSGANGSPUNKT: *Gardeccia (1950 m). Hotelsiedlung im obersten Vajolettal. Asphaltsträßchen (6,5 km) aus dem Fassatal, abzweigend zwischen Mazzin und Pera in Sichtweite des Campingplatzes; Taxidienste 8.00–12.00 Uhr, 15.00–18.00 Uhr. Tel. Piero Bonadio 03 30/89 86 25 oder 04 62/76 43 33, Franco Desilvestro 03 35/5 95 60 09 oder 04 62/76 48 27 oder Vittorio Ghetta 03 36/48 50 22 oder 04 62/76 34 55. Hin- und Rückfahrt 6 Euro (Stand 2002). Von Ciampedié (Seilbahn von Vigo di Fassa, im Sommer 8.30–13.00 Uhr, 14.00–19.00 Uhr) zu Fuß 3/4 Std.*

INFORMATION: *Ufficio Turistico I-38039 Vigo di Fassa. Tel. 04 62/76 40 93, Fax 04 62/76 48 77, E-Mail: infovigo@fassa.com.*

dern vielmehr ein edelmütiger Herrscher gewesen. Ob er allerdings das anmutige Fräulein Similde von ihrem Schloss im Etschtalgebirge in seinen Garten entführt oder sie dorthin verzaubert hatte, bleibt umstritten. Die blonde Jungfer soll jedenfalls von der märchenhaften Pracht des Rosengartens überwältigt gewesen sein, fand aber wohl die »merkwürdige« Gestalt des Zwergenkönigs – vorsichtig formuliert – gewöhnungsbedürftig. Während sich also das Edelfräulein nur zögernd bei Laurin und in seinem Reich einlebte, soll Dietlieb, ein Bruder Simildes, den kampferprobten Dietrich von Bern alias Gotenkönig Theoderich gebeten haben, seine Schwester zu befreien. Dietrich und dessen Recken fanden Laurin

Vajolettürme. Von links: Delagoturm, Stabelerturm, Winklerturm; unten die Gartlhütte.

und zerstörten den Rosengarten. Die in mittelhochdeutschen Versen dargebrachte Klage des Gedemütigten lautete wie folgt:

»den mînen rôsengarten
die mînen lieben rôsen rôt
habt ihr getreten in den plân
und hân iu nie kein leit getân!«

Obwohl Similde dem traurigen Laurin beteuert haben soll, »gabe mich dir der bruoder mein, so will ich gerne bei dir sein …«, wurde ihm die hingebungsvoll Verehrte entrissen. Und weiter geht die Sage:

»Dô sprach der künec:
owê mir, dirre nôt!
wie liegent mîne diener
sô jaemmerlîche tot!
der anger sî verfluochet
der rôsen hât getragen …«

Laurins Fluch ließ den Rosengarten zu Stein erstarren!

Spaziergang zur Hütte

Alte und Junge, Heerscharen an manchen Tagen, steigen vom grandiosen Hochtalkessel Gardeccia in knapp einer Stunde auf. Erinnerungen an Wanderungen über den Cigoladepass oder das Tschagerjoch oder im Larsec werden wach. Beherrscht wird das oberste Vajolettal von der sonnendurchfluteten, breit gelagerten, bis 600 Meter hohen Ostwand der Rosengartenspitze. Gedanken an die Stegerführe, wohl eine der schönsten Dolomitenrouten des mittleren Schwierigkeitsbereichs: V und V+, fester Fels, ästhetische Freikletterei, im unteren Teil weites Spreizen, luftig und voller Genuss. Zu den maßgeblichen Protagonisten des freien Kletterns und den wagemutigsten Felsgehern seiner Epoche zählte der Österreicher Paul Preuß (1886–1913); er verunglückte bei einem Absturz als Alleingänger in der Dachsteingruppe. Ihm wurde die Preusshütte am Felsabbruch

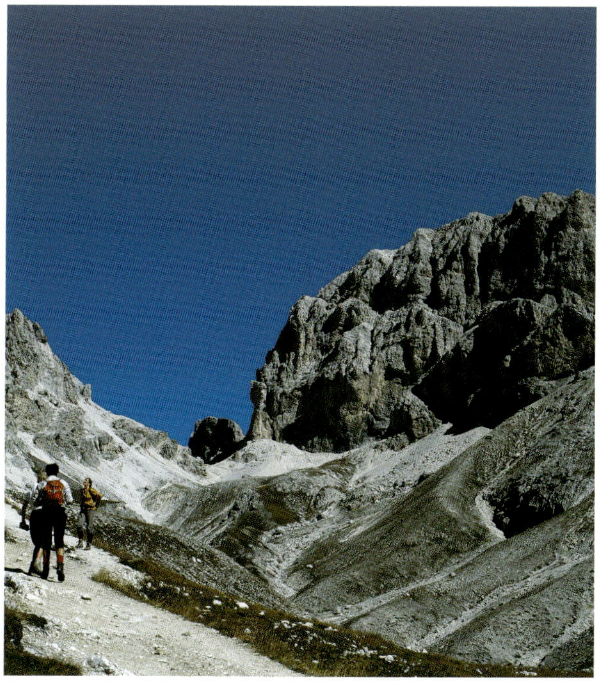

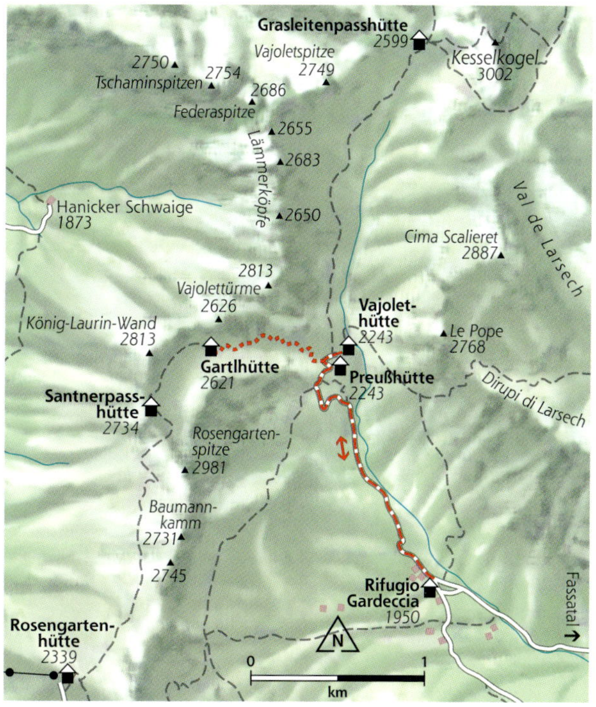

der Porta Neigre von der Familie Piaz aus Pera im Fassatal gewidmet, der ein großer italienischer Bergführer entstammt: Giovanni Battista Piaz (1879–1948), zeitweise Wirt der Hütte.

In den Hüttenweg zieht von links Markierung 541. Noch zehn Minuten bis zur Vajolethütte (2243 m).

Unternehmungslustige haben jetzt die Qual der Wahl! Möglich wäre der Anstieg in den Grasleitenpass zur Grasleitenhütte. Von dort vielleicht der Klettersteig auf den Kesselkogel, den höchsten Rosengartengipfel (3003 m). Oder über die Grasleitenhütte ins Tschamintal, über den Molignonpass zum Tierser Alpl (Wanderung 15), über den Antermoiapass zur Antermoiahütte (Wanderung 23). Krönung ist das Gartl mit den Vajolettürmen.

Zugabe: Torri del Vajolet

Sehen und sterben – um Gottes willen nicht! Vielmehr die Vajolettürme hingebungsvoll bewundern, irgendwo vom Gartl aus. Jeweils zwischen 120 und 150 Meter wahrhaftig dolomitische Faszination! Die Filigranarbeit der Schöpfung in unwahrscheinlichen Linien von links nach rechts: Delagoturm, Stabelerturm, Winklerturm. Sie tragen die Namen der Erstbesteiger: 1895 Hermann Delago, Oberinntaler Schriftsetzer, 20 Jahre, im Alleingang. 1892 »Hans Stabeler« aus Sand in Taufers – eigentlich Johann Niederwieser – als Führer des Wieners Hans Helversen. 1887 Georg Winkler alleine, 18 Jahre, Metzgersohn, Münchner Gymnasiast.

Ganz ohne Fleiß gibt es die Wunderwelt aus Fels nicht: Aufstieg in die Felsarena des Gartl eine Stunde, wobei immer wieder die Hände zu Hilfe genommen werden müssen!

Hüttenweg-Stenogramm

ANFORDERUNGEN: *Unschwierig, kein Schatten.*
MARKIERUNGEN: *Wegweiser, rot-weiße Farbzeichen.*
GEHZEITEN: *Aufstieg 50 Min., Abstieg 30 Min.*
STEIGUNG: *300 m.*
EINKEHR UNTERWEGS: *Preußhütte, auch Übernachtung.*
KARTE: *Freytag & Berndt 1:50 000, Blatt 11.*

Ansteigend von der Vajolethütte in Richtung Kesselkogel zum Grasleitenpass.

23 Antermoiahütte 2496 m

Antermoiahütte

Im gleichnamigen Hochtal, SAT-Sektion Trento. Wichtigster Stützpunkt für östliche Rosengartengruppe und Larsec. Tel. 04 62/60 22 72, Tel. Tal 04 62/75 04 80. Bewirtschaftet letzte Juniwoche bis letzte Septemberwoche. 44 Matratzenlager. Winterraum (5 Lager) offen. Von Gardeccia über Vajolethütte 3½ Std., von Tiers/ Tschaminschwaige knapp 6 Std., von Gardeccia durch die Larsecgruppe 3½ Std. Auf dem Laurenziaklettersteig etwa 4 Std. von der Tierser-Alpl-Hütte.

Rifugio Antermoia.

Almo Giambisi dürfte der »extremste« Hüttenwirt im Rosengarten sein. In jungen Jahren erkletterte der in Campitello, dem ladinischen Cianpèdel, wohnende Meraner steilsten Dolomitfels, erstmals mit Sandro Gogna und Gefährten die Achtung gebietende Gogna-Führe in der Marmoladasüdwand. Almo kennt die Rosengartenberge wie seine »Hosentasche«, doch die »Schöne im Antermoiasee« hat ihm noch nie ihre Ehre erwiesen, ganz im Gegensatz zu den ladinischen Hirten, die dort an einem wolkenverhangenen Tag rasteten. Plötzlich ein leises Plätschern: Aus dem Wasser tauchte eine wunderbare Nixe auf, winkte den Hirten viel versprechend lächelnd zu, wie sie im Fassatal bekundeten, und war ebenso plötzlich wieder verschwunden, in den »unermesslichen« Tiefen des Sees ... Diesen »Beobachtungen« liegt offensichtlich jene von Karl Felix Wolff formulierte Sage zugrunde, die den Südtiroler Ritter, Dichter, Minnesänger und Abenteurer Oswald von Wolkenstein (+ 1445) als Verlobten einer Fee darstellt. »Wie ich heiße, darfst du nie erfahren«, habe das Fräulein jedoch beschwörend gesagt, »sonst müsste ich von dir fort. Aber woher ich bin, das kannst du wissen – ich bin aus dem versunkenen Rosengarten.« Oswald erfuhr den Namen: Antermòya. Und als er ihn im Gespräch einflocht, tat sich »der Boden auf, und schwarze Wasserfluten stürzten hervor. Es bildete sich ein dunkler See ...« Er verschlang die »Elfe«, im Ladinischen »béla tjantarina« (schöne Sängerin). »Drei Tage lang ging Oswald um den See herum, in großer, unaussprechlicher Trauer.«

Die 1911 eingeweihte Antermoiahütte musste 1981 aus »Altersgründen« umgebaut werden, was dem SAT-Trient architektonisch einwandfrei gelang. Zwar liegt das Schutzhaus »hinter dem Mond«, wie man zuweilen lästert, weil es die entlegenste Rosengartenhütte ist, doch diese Abgeschiedenheit ist mittlerweile ein Pluspunkt.

Die Standardwanderung zur Hütte führt von Gardeccia über die Vajolethütte in den Grasleitenpass am Kesselkogel. Sein mächtiger Felsleib erfordert einen Schwenk nach Süden, über den Passo d'Antermoia hinweg ins Val d'Antermoia, den See berührend zur Hütte. Höhere Anforderungen sind mit der Durchquerung der Larsecgruppe verbunden, einer Untergruppe des Rosengartens, in die sich nur selten ein Wanderer »verirrt«. Dies, gepaart mit archaischer Ruhe und Urigkeit, verleiht Larsec seinen unverwechselbaren Charakter.

Hüttenweg-Stenogramm

ANFORDERUNGEN: *Einige Stellen Schwierigkeitsgrad I- sowie Klettersteig (Drahtseile, Eisenbügel), sonst Wege und Steigspuren. Auf dem üblichen Rückweg Antermoiapass-Vajolethütte-Gardeccia als Steigung 280 Höhenmeter.*
MARKIERUNGEN: *Wegweiser, rotweiße Farbzeichen.*
GEHZEITEN: *Aufstieg 3½ Std., Abstieg (über Vajolethütte) etwa 3 Std.; Einkehrmöglichkeiten.*
STEIGUNGEN: *Etwa 850 m.*
KARTE: *Mapgrahic 1:25 000, Blatt 11.*

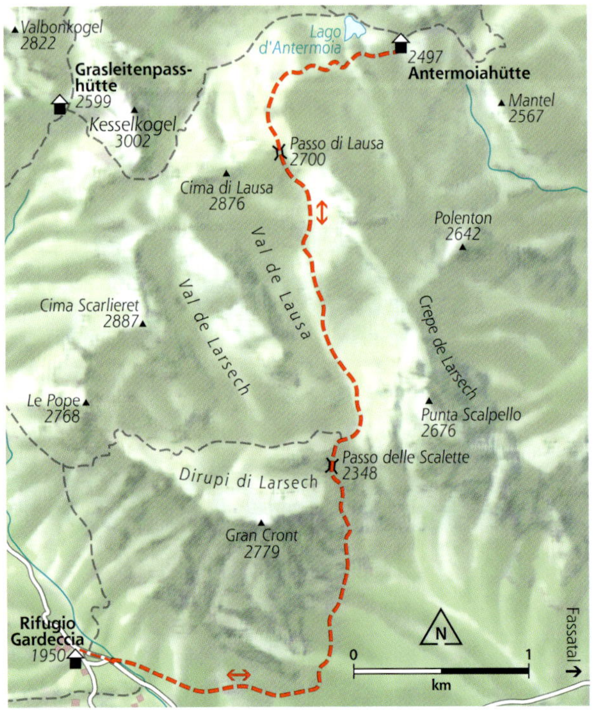

Wege in die Stille von Larsec

Am Ostrand von Gardeccia (1950 m), an der Brücke über den Rio di Soial, gilt für uns ab dem hölzernen Wegweiser Markierung 583. Durch Latschen kurz aufwärts. An der Gabelung rechts, eben dahin, stellenweise geringe Steigungen in 20 Minuten, etliche Tobel traversierend zur überhängenden Felswand der Fermade. Nun beginnt der Aufstieg in die gewaltige Schlucht »Bus dei trei roccia«. Der Pfad dorthin quert zwei Gerölltobel. In der Schlucht folgt man den Farbzeichen empor zu einem kleinen Sattel. Etwas später durch den rechten Ast (links verblasste Farbzeichen) der beiden Sekundärschluchten. Etwa 30 Minuten nach dem kleinen Sattel müssen wir einen Felsaufschwung (I-) überwinden. Eineinhalb Stunden oberhalb Gardeccia geht es drahtseilgesichert schräg rechts über eine Art Rampe hoch in einen seichten Kamin: Eisenbügel. Dann endet der »Klettersteig«. Diese Passagen wurden früher von den Jägern mithilfe angelehnter Holzpfähle und Holzleitern bewältigt.

Eine rechts ansteigende Querung führt zum Rücken der Einsattelung. Rechts in wenigen Minuten hinunter zum tiefsten Punkt des Scalettepasses (2348 m), zu Deutsch »Leiterchenpass«. Ein künstlicher Damm sperrt den Lago Secco (Trockensee,

Am Antermoiasee.
Im Hintergrund spitzt die Marmolada hervor.

Dürresee), welcher der Gruppe seinen Namen – in Ladinisch Lac sec – gab. Von Gardeccia 2 Stunden.

Jenseits des Damms einige Meter in gestuftem Fels (I-), dann links am Drahtseil zu einem grasig-schrofigen Rücken. Nördlich in das Val Lausa, über einen feuchten Boden zum rechtsseitigen Aufschwung. Über ihn schwach links haltend auf einem Weg und gestuftem Fels in den obersten, geröllerfüllten Talkessel. Schließlich erreichen wir den nur schwach ausgeprägten PASSO DI LAUSA (2700 m).

Auf der anderen Seite gut markiert 20 Minuten abwärts in eine Mulde; kurz davor links Tiefblick zum Antermoiasee. Wenige Minuten Gegensteigung, dann hinab zur ANTERMOIAHÜTTE (2497 m).

Zugabe: Monte Mantello, 2567 m

Erwarten Sie sich hier von »Monte« nicht zu viel! Der Mantello weist eine geräumige Gipfelfläche auf, gerademal gute 30 Minuten östlich der Antermoiahütte, leicht zugänglich über den Passo di Dona. Er wird nicht aus bergsteigerischen Ambitionen besucht, sondern einzig und alleine wegen der Aussicht. Diese ist einmalig für den östlichen Rosengarten und auf die nordöstlich, östlich und südöstlich davon gelegenen Dolomitenreviere, alle überragend das weiße Eis der Marmolada.

Touristik

AUSGANGSPUNKT: *Gardeccia (1950 m), Hotelsiedlung im obersten Vajolettal. Asphaltsträßchen (6,5 km) aus dem Fassatal, abzweigend zwischen Mazzin und Pera beim Campingplatz; Taxidienst siehe Wanderung 22.*
Von Ciampedié (Seilbahn von Vigo di Fassa, im Sommer 8.30–13.00 Uhr, 14.00–19.00 Uhr) 3/4 Std.
INFORMATION: *Ufficio Turistico I-38039 Vigo di Fassa. Tel. 04 62/76 40 93, Fax 04 62/76 48 77, E-Mail: infovigo@fassa.com.*

24 Radlseehaus 2284 m

Radlseehaus

Östliche Sarntaler Alpen. Oberhalb des gleichnamigen Sees südwestlich von Brixen. AVS-Sektion Brixen. Tel. 04 72/85 52 30, Tel. Tal 04 72/54 72 15. Bewirtschaftet letzte Maiwoche bis Sonntag nach Allerheiligen. 17 Betten, 35 Matratzenlager, 8 Notlager. Winterraum (6 Lager), Schlüssel bei AVS-Sektion Brixen, Domplatz 13. Vom Perlungerhof knapp 2 1/2 Std., von Oberschnauders 3 Std., von Bad Schalders 4 1/2 Std., von der Klausener Hütte 2 Std.

Radlseehaus und Königsangerspitze sind bei trübem Wetter farblos und trostlos. Nur Sonnenhimmel und blank geputzter Horizont offenbaren das aus aller Munde gepriesene aufwendige Dolomitenpanorama, wonnetrunkenes Schauen, dessentwegen allein das Radlseehaus regen Zustrom spürt vom Perlungerhof oder von Oberschnauders bei Feldthurns. Reizvollste Hüttenroute ist der zweistündige Latzfonser Höhenweg ab der Klausener Hütte, der allerdings mit einem Umweg verbunden ist. Hingegen findet der fast fünfstündige Aufstieg von Bad Schalders verständlicherweise wenige Liebhaber.

Das Radlseehaus im östlichen Sarntalerkamm steht an der Stelle einer 1912 eröffneten, während des Zweiten Weltkriegs abgebrannten privaten Hütte. Besitzer ist seit dem Neubau 1956 die Südtiroler Alpenvereinssektion Brixen. Und Pächter sind seit 1992 Paul Willeit und seine Familie, Pustertaler wie ihre Vorgänger über 18 Saisonen, die Gietls.

Radlseehaus und Königsangerspitze werden durch den Radlsee zum Triumvirat. Um das »Radl« zu erkennen, optisch verzerrt, muss man an seinem südöstlichen Ufer stehen. Tatsächlich misst das sagenumschlungene, kristallklare Gewässer 130 mal 60 Meter; es ist schätzungsweise acht bis zehn Meter tief, ohne Zu- und Abfluss. Mithilfe eines Hubschraubers hat man Regenbogenforellen, Bachsaiblinge und Elritzen eingesetzt.

Rund 200 Meter höher als der See gipfelt die Königsangerspitze in 2436 Metern. Sie bildet den östlichsten alpin besuchenswerten Ausläufer des sechs Kilometer langen Radlseekamms. Er besteht aus Brixener Quarzphyllit, einem silbrig glänzenden, blättrigen, feinschuppigen, grünlich grauen Tonglimmerschiefer, Quarz, Feldspat und Chlorit. Dieses gegen Verwitterung sehr empfindliche, den Pflanzenwuchs fördernde Gestein ist ursächlicher Grund für sanfte Berglinien und Almenmatten. Am »Königsanger« sind derartige Merkmale eindeutig vorhanden. Ältere Karten nennen ihn »Angerberg«. Wann wurde der »Anger« königlich? Wussten vielleicht schon die Alten von seiner Vergangenheit? Luis Oberrauch, fleißiger Bozener Vorzeitforscher, fand 1951 am Gipfel mit großer Wahrscheinlichkeit einen Brandopferplatz der »Laugener Kultur«: 3000 Jahre menschliche Vergänglichkeit! Dieser spätbronzezeitliche (1100–850 v. Chr.) südalpine Kulturkreis hat seinen Namen von Keramikfunden am Moorweiher Laugen nördlich von Elvas/Brixen. Auch Blumenliebhabern bietet der Berg Ungewöhnliches: Im August und September blüht das Zwergseifenkraut (Saponária pumilio), was bezogen auf die hiesigen geologischen Verhältnisse in Südtirol eine Rarität darstellt.

Vor dem Radlseehaus über dem Radlsee.

Vom Perlungerhof

Der Perlungerhof (1400 m) ist das höchstgelegene Anwesen der erstmals 1187 in einer Schenkungsurkunde des Adeligen Hugo von Schöneck an das Kloster Neustift erwähnten rätoromanischen Rodungsinsel Gereuth südwestlich von Brixen. Eine »typisch nach nordischer Einstellung ausgerichtete Streusiedlung«, weiß der Brixener Heimatkundler Hans Fink.

An der 1922 geweihten Perlungerkapelle links vorbei. Kurz danach links halten, entlang eines kunstvoll gestalteten Holzzauns, streckenweise auf steingepflastertem Weg zu einem Forststräßchen (Natur-Rennrodelbahn), dem wir links folgen. Nach insgesamt 20 Minuten an der Weggabelung halbrechts auf dem oberen Weg. Zehn Minuten später, wo sich das Forststräßchen rechts wendet (Rastbank), geht es gute zehn Minuten geradeaus mit den Farbzeichen von Steig Nummer 8, dann links über den Bärengraben. Etwa eine Stunde nach der Perlungerkapelle bietet eine Bank links des Weges raumgreifende Ausblicke. Noch knapp eine Viertelstunde, zuletzt einen Quellbrunnentrog passierend, zum Kreuz beim Tannefried (ca. 1780 m).

Während nun der größere Teil der Wanderer zum nahen Fahrweg geht, biegt die abwechslungsreichere, weniger steile Route (Markierung 8 A) unmittelbar vor dem Kreuz rechts ab. Auf schmaler Spur im Hangwald. Es folgt ein Flachstück mit wetterzerzausten Fichten. Rund 45 Minuten oberhalb von Tannefried erwartet uns bei der Almhütte (2030 m) ein hübscher Rastplatz mit Brunnen. Etwa 20 Meter davor setzt sich der Weg rechts fort und führt an den vermurten Bärengraben heran. Links haltend schräg durch den Alpenrosenhang hoch zu einem Rücken, über den das Schotterweglein auf die Kammhöhe

Radlsee mit Königsangerspitze.

leitet. Sie wird unweit eines 1985 aufgestellten, in einen Marienbildstock integrierten Kreuzes betreten. Augenblicke danach zeigt sich das RADLSEEHAUS (2284 m).

Für den ABSTIEG empfehlen wir Markierung 8. Unterhalb der Hütte erinnert das »Gietlkreuz« daran, dass hier am 31. Juli 1978, nach Mitternacht, Klaus Gietl, Sohn der damaligen Wirtsleute Zitta und Frowin, unter dem Sternenzelt der Licht der Welt erblickte. Nach insgesamt 20 Minuten erreichen wir den Fahrweg (Materialseilbahn) und folgen ihm weitere 20 Minuten. Ein Stück nach dem ROSSBODENKREUZ (1837 m) verlassen wir den Fahrweg in einer Rechtskurve links hin zum TANNEFRIED des Aufstiegs.

Zugabe: Auf den Königsanger

Rund 150 Höhenmeter in gut 30 Minuten lautet das Diagramm der aussichtsreichen Königsangerspitze (2436 m), des Hausbergs am Radlsee. Der mit »7« bezeichnete, markierte Weg ist einzusehen. Aus der Scharte im Nordostkamm des Berges umgehen wir den ersten Aufschwung links. Über eine Kuppe in einen Sattel und empor zum weithin grüßenden Gipfelkreuz.

Hüttenweg-Stenogramm

ANFORDERUNGEN: *Unschwierige Wanderung, längere Strecken schattig.*
MARKIERUNGEN: *Wegweiser, rotweiße Farbzeichen.*
GEHZEITEN: *Aufstieg knapp 2 1/2 Std., Abstieg 1 3/4 Std.*
STEIGUNG: *900 m.*
KARTE: *Freytag & Berndt 1:50 000, Blatt S4.*

Touristik

AUSGANGSORT: *Brixen (560 m). Drittgrößte Stadt Südtirols, Bischofssitz von etwa 1000 bis 1972, 17 800 Einwohner, in einem Talkessel an der Mündung von Rienz und Eisack, zwischen Brenner (47 km) und Bozen (40 km), Bahnhof, Autobahnanschlussstelle nördlich.*
AUSGANGSPUNKT: *Perlungerhof (1400 m) im Streuweiler Greuth. Von Brixen asphaltierte Straße (9 km) über Tils, Parkmöglichkeit etwas unterhalb dem Perlunger bei der Kapelle.*
INFORMATION: *Tourismusbüro I-39042 Brixen. Tel. 0472/836401, Fax 0472/836067, E-Mail: info@brixen.org, Internet: www.brixen.org.*

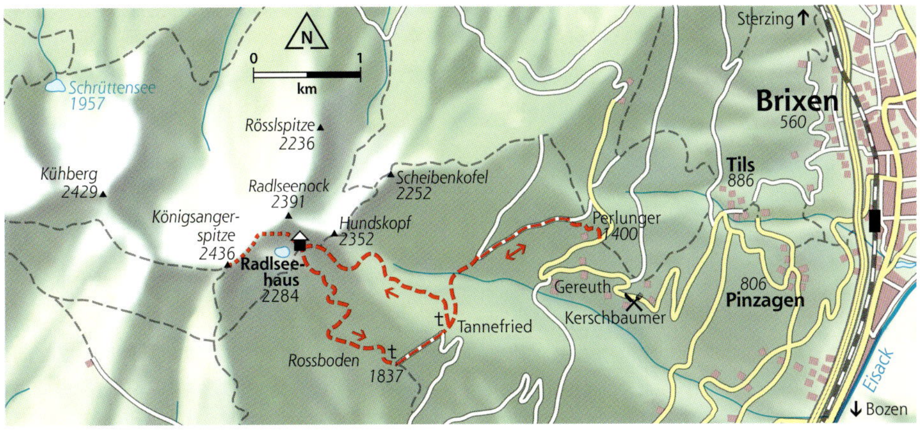

25 Flaggerschartenhütte 2481 m

Flaggersee und Flaggerschartenhütte; dahinter erhebt sich die Jakobspitze.

Insbesondere Begeher des Großen Sarntaler Höhenwegs wissen die Hütte als Station zu schätzen, wenn sie am ersten Wandertag vom Penser Joch kommend über 4¼ Stunden unterwegs waren oder zur zweiten, knapp sechs Stunden dauernden Etappe zum Latzfonser Kreuz aufbrechen. Von dort sind es dann noch einmal sechs Stunden auf das Rittner Horn. Drei Tage also über den gesamten östlichen Kamm der Sarntaler Alpen zwischen Sterzing und Bozen. Die Besucher steigen mehrheitlich vom Durnholzer See aus dem Sarntal an.

Als der Innsbrucker Julius Pock 1885 mit dem »feurigen Dampfross über den Brenner« reiste, wie er es schilderte, und das Tagewaldhorn erstmals bezwang, begann der Aufstieg zur Flaggerscharte beim Bahnhof in Mittewald bzw. bei der Pfarrkirche St. Martin. Auch heute noch führt der Weg durch das waldbestandene Flaggertal einsam wie ehedem, lang, gut und gerne fünf Stunden vorbei an der verfallenen Unteren Flaggeralm, danach auf luftiger Trasse, über Hochtalböden, durch eine kurze Felsklamm. Ich bin dort nur einmal aufgestiegen, ansonsten immer von Durnholz und über den Sarntaler Höhenweg.

Tracht in Durnholz.

Oberhalb der Flaggerscharte, an dem gewöhnlich bis Ende Juni zugefrorenen Flaggersee, erstellten die DOeAV-Sektionen Marburg/Lahn und Siegerland 1913/14 die Marburger-Siegener-Hütte, den letzten vor dem Ersten Weltkrieg im südlichen Tirol vollendeten Alpenvereinsstützpunkt. Im Jahr 1923 durch Mussolini enteignet und der CAI-Sektion Franzensfeste zugesprochen erfuhr das Schutzhaus 1981 einen grundlegenden Umbau: Es entstand ein massiver, einstöckiger Steinbau mit großem Dachgeschoss. Echte Hüttenatmosphäre ist keine Seltenheit, dafür sorgt der Pächter seit 2001, Daniel Volcan aus Unterinn am Ritten, mütterlicherseits Südtiroler, liebenswert im Umgang mit den Gästen, von denen viele Stammgäste sind. Ein Manko des Gebiets sind allenfalls die ab Ende September für eine Woche stattfindenden Manöver des italienischen Heeres. In dieser Zeit bleiben die Zugänge gesperrt!

Touristik

AUSGANGSORT: *Durnholz (1568 m). Im gleichnamigen Nebental des Sarntals, oberhalb des Durnholzer Sees. An sich autofrei, Zufahrt nur für Einwohner und Pensionsgäste.*

AUSGANGSPUNKT: *Parkplätze unterhalb von Durnholz und dem westlichen Seespitz. Parkpflicht unbedingt befolgen! Von Astfeld 10,5 km, von Bozen 33 km, Busverbindungen. Zum Durnholzer See 5 Min.*

INFORMATION: *Tourismusbüro I-39058 Sarntal. Tel. 04 71/62 30 91, Fax 04 71/62 23 50, E-Mail: info@sarntal.com, Internet: www.sarntal.com.*

Vom Durnholzer See

Ab den Parkplätzen unterhalb von DURNHOLZ fünf Minuten bergan zu dem 1980 unter Naturschutz gestellten, bis 13 Meter tiefen, nachweislich seit 600 Jahren befischten DURNHOLZER SEE (1545 m), dem größten Gewässer der Sarntaler Alpen. Seine Form ist dreieckig: 900 Meter lang, die breiteste Stelle misst 350 Meter, entstanden und gestaut durch einen Bergrutsch, geschätzt als exzellentes Forellenwasser. Dr. Josef Rampold, Jahrzehnte Chefredakteur der deutschsprachigen Tageszeitung »Dolomiten« und bester Kenner seiner Heimat, wärmte die Sage auf (Südtiroler Landeskunde, Band 7), nach der an der Stelle des Sees so lange ein großer Hof stand, bis der Bauer das Feierabendläuten missachtete und trotzigfrevelnd Heu auflud. Anderntags hatten die Wassermassen das Anwesen verschlungen ...

Auf dem geteerten Sträßchen am Nordwestufer zehn Minuten entlang zum FISCHERWIRT. Bei der Straßengabelung geradeaus ins Seebachtal. Nach 15 Minuten, in der Rechtskurve der Forststraße, gehen wir erneut gerade, noch immer entsprechend Markierung 16. Die Güterstraße endet bei der Seebalm (1802 m). Weiterhin gut bezeichnet talein, über die Hänge der Seebalm in den Hintergrund des lang gestreckten Tals. Unsere Spur windet sich hoch zu einem Geröllhang. Die Rechtsabzweigung (Markierung 13) bleibt unbeachtet. Schließlich mühsam durch ein Blockkar in die FLAGGERSCHARTE (2436 m). Aus ihr links gute fünf Minuten hinauf zum FLAGGERSEE und zur FLAGGERSCHARTENHÜTTE (2481 m).

Beim Rückweg sollten die Besucher – wenn nicht vorher geschehen – ihre Aufmerksamkeit unbedingt dem hübschen Dörfchen DURNHOLZ widmen. Es erscheint 1237 erstmals als »Durrenholz«, die Pfarrkirche stammt von 1405. Ihr spätgotischer Turm mit gekuppelten Spitzbogenschallfenstern und achteckigem Helm findet sein Spiegelbild im See. St. Martin,

Durnholzer See.
Im Hintergrund der östliche Sarntaler Hauptkamm.

Flaggerscharten-hütte

(ital. Rifugio Forcella Vallaga), 2481 m. In den östlichen Sarntaler Alpen nordöstlich von Durnholz, oberhalb der Flaggerscharte. CAI-Sektion Franzensfeste.
Tel 0471/625251,
Tel. Tal 0471/359097.
Bewirtschaftet letzte Juniwoche bis Ende September. 12 Betten in mehreren Zimmern, 28 Matratzen-lager. Etwas abseits offener Winterraum (4 Lager, Decken, Holzherd). Von Durnholz 2¾ Std., von Mittewald 5–6 Std., vom Penser Joch auf dem Sarntaler Höhenweg 4¼ Std.

umgeben von einem Friedhof, dessen Gräber Edelweißstöcke zieren, besticht durch herrlichen, teilweise erst bei den Restaurierungsarbeiten 1986 freigelegten Freskenschmuck. Am Triumphbogen malte die Bozener Schule im frühen 15. Jahrhundert an der linken Seite von links nach rechts die Heiligen Laurentius, Helena und Franziskus; im Zwickel opfert Abel das Lamm. Am Bogen selbst u. a. von links nach rechts: Geißelung, Nikolaus und drei Jungfrauen, Nikolaus rettet einen Pilger aus Seenot, Nikolaus zum Bischof geweiht. In der Leibung Medaillons mit Vierpässen und Büsten der klugen und törichten Jungfrauen. Der Passionszyklus an der nördlichen Langhauswand besteht aus zwei Streifen. Eindeutig erkennbar sind Kreuzigung, Kreuzabnahme und Grablegung, über der linken Seitenaltarmensa drei Heilige. Szenen aus dem Martyrium des hl. Vitus, des zweiten Kirchenpatrons, zeigt die Ostwand des Rechteckchors; im Gewölbe Evangelistensymbole.

Zum Kunstgenuss gesellt sich um den MARGARETHENTAG am 20. Juli das »Sarnar Morgreti-Essn« in mehreren Talrestaurants mit Spezialitäten wie Sarner Nockensuppe, saure Kuttelsuppe, Schwarzplentene Palatschinken, Schlutzkrapfen, Knödel-Gulasch und, und, und …

Zugabe: Jakobspitze – 2745 m

Wenn wir von der Hütte nach Süden blicken, teilt oberhalb der Flaggerscharte dunkles Gestein des Grats mit der untergeordneten Lorenzispitze die beiderseits schuttüberladenen Flanken. Als Krone thront die Jakobspitze, mit 2745 Metern der höchste Gipfel im Sarntaler Ostkamm und vierthöchster der gesamten Sarntaler Alpen. Touristischer Erstbesteiger war 1888 kein geringerer als der Innsbrucker Turnlehrer Ludwig Purtscheller, damals einer der fähigsten Felsgeher. Doch Klettern spielte und spielt an der Jakobspitze keine Rolle. An etlichen Passagen der markierten Route oberhalb der Lorenzispitze müssen die Hände zuhilfe genommen werden. Zum Schluss hin über große Blöcke zur Geröllkuppe der JAKOBSPITZE.

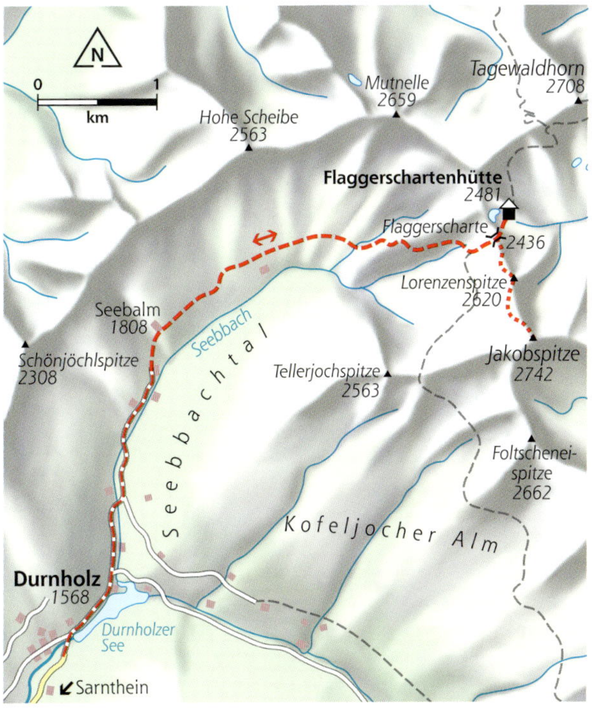

Hüttenweg-Stenogramm

ANFORDERUNGEN: *Unschwierige Bergwanderung, zur Flaggerscharte hin anstrengend, frühmorgens schattig.*
MARKIERUNGEN: *Wegweiser, rotweiße Farbzeichen.*
GEHZEITEN: *Aufstieg knapp 3 Std., Abstieg 2 Std.*
STEIGUNG: *950 m.*
EINKEHR UNTERWEGS: *Fischerwirt.*
KARTE: *Mapgraphic 1:33 000, Blatt 31.*

26 Latzfonser-Kreuz-Hospiz 2302 m

Latzfonser-Kreuz-Hospiz

auch Heiligkreuzhütte, 2302 m. Östlicher Samtaler Hauptkamm. Am Südrücken der Ritzlarspitze. Eigentum der Pfarrei Latzfons.
Tel. 0472/545017,
Tel. Tal 0471/610287.
Bewirtschaftet von erster Juniwoche bis Allerheiligen.
4 Betten, 28 Matratzenlager auf dem Dachboden. Vom Kühhof/Latzfons 2¹/₄ Std., von Reinswald/Samtal 2³/₄ Std., von Durnholz 3 Std.

Die Wallfahrer sind dem Latzfonser Herrgott nahe und der dem Vernehmen nach mit Ochsenblut und flüssigem Baumpech geschwärzte Latzfonser Herrgott ist dem Himmel nahe. Alljährlich am »goldenen Freitag« nach Fronleichnam trägt ihn eine Bittprozession auf die Alm Ritzlar zum angestammten Platz in 2300 Metern, seit 1869 im heutigen neugotischen Kirchlein, in dessen Turm drei kleine Glocken bimmeln. Es ist ein typisches Tiroler Fest im Gleichklang von Liturgie und Lebensfreude, geistlicher und leiblicher

Erbauung. Hunderte – Priester und Ministranten, Ordensleute, Einheimische in bodenständigen Trachten, Bergsteiger und Ausflügler – beleben mit farbiger Vielfalt die gesegnete Stätte. Möglicherweise wurden hier in vorchristlicher Zeit verschiedenen Gottheiten Opfer dargebracht, vielleicht in der Felshöhle hinter dem Hospiz. Es wäre kein Einzelfall, wenn den heidnischen Kultplatz eine christliche Stätte abgelöst hätte.

Die Rückkehr des »Herrgotts« ist gewöhnlich an St. Gallus, dem 16. Oktober. Zwischenstation zu St. Peter im Wald. Dann nach Latzfons in die am 15. Oktober 2000 neu geweihte, erweiterte und restaurierte Pfarrkirche St. Jakob, erstmals erwähnt 1153. Noch älter soll St. Peter im Wald sein, etwa einen Kilometer taleinwärts links an der Straße, obwohl erst 1373 nachweisbar; Schlüssel im nebenstehenden Mesnerhof erbitten! Ein rund 300 Jahre altes Votivbild an der linken Seitenwand offenbart ähnliche Fürsorge wie der »Schwarze Herrgott«, das heißt, die göttliche Dreifaltigkeit und Heilige wachen über Bauern und Vieh.

Ursprünglich stand das Kruzifix in der Totenkapelle von Latzfons. Als nacheinander drei Ernten furchtbaren Hagelschlägen zum Opfer fielen, brachte man das »Latzfonser Kreuz« um 1700 zur Höhe und stellte es im Freien als Schutz gegen Unwetter auf. 1473 entstand aus Spenden eine Kapelle. Die tief im Glauben verwurzelte Bergbevölkerung fand sich regelmäßig zu Bittgängen ein. Es entwickelte sich eine Art Wallfahrt, und demgemäß bot ab Anfang des 19. Jahrhunderts das Hospiz den Pilgern willkommene Verköstigung und Nachtlager. Der heutige Bau ist die dritte Unterkunft; er wurde im August 1952 vom Trentiner Bischof gesegnet und seiner Bestimmung übergeben.

Sobald dunkle Wolken drohen und die Ernte in Gefahr scheint, holen Gläubige das Gnadenkreuz aus der Kirche und tragen es betend umher. Sie wallfahren zu dem angeblich höchstgelegenen christlichen Heiligtum Europas zur Messe, hauptsächlich zu »Magdalena«, dem Kirchtag am 22. Juli, bzw. dem Sonntag danach. Während der übrigen Zeit ernähren Ausflügler die Pächter der Latzfonser-Kreuz-Hütte. Hans-Jörg Lunger und seine Familie aus Gummer im Eggental haben sich gut eingelebt, nachdem sie 1999

Blick über das Lafonser Kreuz auf die Dolomiten.

Zugabe: Dem hl. Kassian zur Ehre

Der Legende nach ist Kassian (Namenstag 13. August) ein Bischof aus Säben gewesen, sogar Gründer des Bistums, und hat nach seiner Vertreibung das Evangelium in Bayern verkündet. Wahr ist, dass anno 304 Kassian in Imola von Schülern mit Metallgriffeln zu Tode gemartert wurde, weil er ihnen den christlichen Glauben zu lehren gedachte. Von einem Säbener Bischof hören wir erstmals 575 anlässlich der Synode in Grado. Ein Armknochen Kassians gelangte erst 1705 nach Brixen. War dies der Ausschlag für die »Taufe« der Kassianspitze nordwestlich des Latzfonser Kreuzes? Immerhin zählt sie zu den vorzugsweise erstiegenen Gipfeln im Ostkamm der Sarntaler Alpen. Ab der Hütte leitet Wegnummer 17 vorbei am kleinen Kassiansee (2469 m) in einen Sattel, aus dem es rechts zur Kassianspitze (2581 m) geht, wo wir einen wunderbaren Ausblick genießen und uns im Gipfelbuch »verewigen«. Auf- und Abstieg rund 1½ Stunden.

in die Fußstapfen von Barbara Pfattner getreten waren. Die Öffnungszeiten sind nun zu Anfang der Saison und am Ende jeweils rund vier Wochen länger.

Ausgangslagen bilden zwei Täler, östlich das Eisacktal mit Latzfons, westlich des Sarntal mit Reinswald und Durnholz. Obgleich der Anmarsch von Reinswald durch das Getrumtal etwa 30 Minuten länger dauert als der über die Klausener Hütte im Eisacktal, gehe ich ihn lieber. Im Getrumtal koste ich intensivere Besinnlichkeit aus: in locker gruppierten Lärchenstreifen und auf blumendurchwirkten Grasteppichen. Umfeld und Weg selbst sind abwechslungsreicher. Die Route von Durnholz, der längste übliche Zugang, führt von Norden über die Fortschellscharte, wo prähistorische Streufunde gemacht wurden.

Der uralte Pilgerweg

Ab dem Parkplatz beim Kühhof (1551 m) auf dem breiten Almgüterfahrweg durch schattigen Wald in 1¼ Stunden zur Klausener Hütte (1923 m) an freier Lehne südlich der Lorenzispitze, geführt von den Winklers aus Latzfons. Das Schutzhaus der CAI-Sektion Bozen feierte 1999 sein 90-jähriges Bestehen. Es war anfangs Liegenschaft des Deutschen und Österreichischen Alpenvereins, wurde 1922 enteignet und dem Club Alpino Italiano übergeben. Der bislang letzte Umbau fand im Jahr 1987 statt.

Der Fahrweg setzt sich fort zur Runger-Saltner-Hütte (2042 m). Sie ist auf den gängigen Karten namentlich nicht bezeichnet. Nordöstlich zeigt sich die Königsangerspitze (siehe Wanderung 24). Es beginnt der 1982 geweihte Kreuzweg. Seine 14 Stationen, eingepflockt in Lärchenpfähle, hat der Verdingser Sepp Oberrauch kunstvoll aus Zirbenholz geschnitzt. In einer Mulde wird der Plankenbach überschritten. Der Kreuzweg endet bei der Latzfonser-Kreuz-Kirche (2300 m).

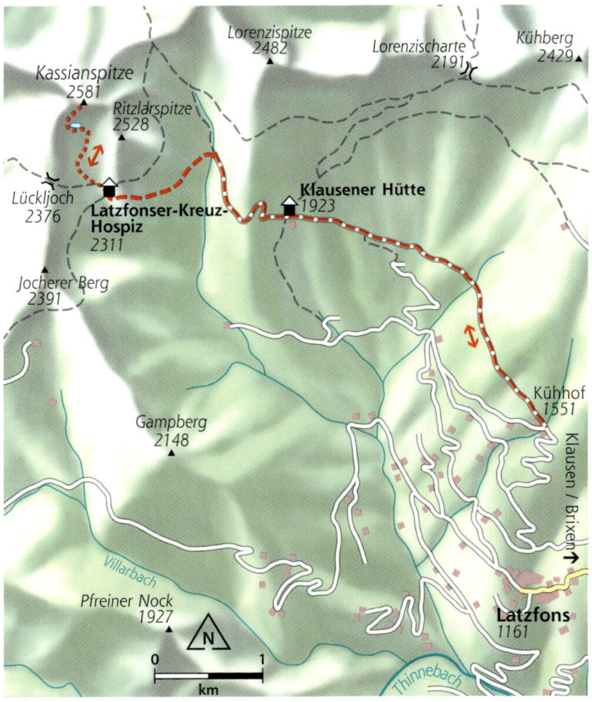

Touristik

AUSGANGSORT: *Latzfons (1161 m). An den Südhängen des Radlseekamms der östlichen Sarntaler Alpen, politisch zu Klausen gehörend. Die Ortschaft erscheint erstmals um 1050 als »Lazefunes«, was mit Latifundien zusammenhängen könnte, in den Randgütern des Klosters Säben. Von Feldthurns 5 km (Busverbindungen), von Klausen (nächster Bahnhof) durch das Thinnetal 8,5 km, von Bozen 39 km. Bus von Klausen-Bahnhof über Feldthurns.*

AUSGANGSPUNKT: *Kühhof (1551 m), Bauernhof (Ferienwohnungen) nördlich von Latzfons. Zufahrt: Ab Latzfonser Pfarrkirche 300 m talein, dann rechts auf dem Fahrsträßchen 4,2 km (3 km asphaltiert). Parkraum oberhalb des Anwesens. Im Sommer Kleinbusse ab Klausen, Feldthurns und Latzfons.*

INFORMATION: *Tourismusbüro I-39043 Klausen. Tel. 04 72/84 74 24, Fax 04 72/84 72 44, E-Mail: tourismusverein.klausen@dnet.it.*

Hüttenweg-Stenogramm

ANFORDERUNGEN: *Unschwierig, schattig bis Klausener Hütte.*
MARKIERUNGEN: *Wegweiser, rot-weiße Farbzeichen.*
GEHZEITEN: *Aufstieg 2¼ Std., Abstieg 1¾ Std.*
STEIGUNG: *750 m.*
EINKEHR UNTERWEGS: *Klausener Hütte (auch Übernachtung).*
KARTE: *Kompass 1:35 000, Blatt 056.*

Getrumalm am Weg von Reinswald im Sarntal zum Latzfonser Kreuz.

27 Rittner-Horn-Haus 2259 m

Rittner-Horn-Haus

(ital. Rifugio Corno Renon di Sopra), 2259 m. Auf dem Rittnerhorn im südlichen Teil der östlichen Sarntaler Alpen. CAI-Sektion Bozen. Tel. 0471/356207, Tel. Tal 0471/345558. Bewirtschaftet während der Skisaison sowie von Juni bis Allerheiligen. 20 Betten, 10 Matratzenlager, 16 Notlager. Von Pemmern-Zirm 2 1/4 Std., von der Schwarzseespitze (Gondelseilbahn ab Pemmern-Zirm) 3/4 Std., von den Erdpyramiden 3 3/4 Std, von der Villanderer Alm (Gasserhütte) 2 1/4 Std.

Über allen Gipfeln ist Ruh! Johann Wolfgang von Goethe, dessen Feder die stimmungsvollen Worte schrieb, hat wohl viel gesehen als Reisender. Auf dem Rittner Horn war er nachgewiesenermaßen aber nicht. Zum Abend hin, wenn die Gäste abgezogen und die letzten Gondeln von der Schwarzseespitze hinuntergeschwebt sind, kehrt paradiesische Ruhe ein. In die Falten der Täler kriecht das kühle Dunkel der Nacht. Die Berge übergießt warmes gelbes Licht. Es färbt Wiesengrün unwirklich und geht bald ins transparente Rosarot über. Die Ramosers aus Klobenstein atmen auf, setzen sich hin, haben Zeit für einen Plausch, den tagsüber der Andrang der Gäste nicht erlaubt.

Brettleben ist der Gipfel des »Hornes«, an den Rändern zerschrundene konklomeratische, erkaltete vulkanische Quarzporphyrergüsse. Anno 1893, als Graf Anton Arz-Vasegg die erste Skibesteigung des Rittner Hornes unternahm, weihte die Sektion Bozen des Österreichischen Touristenclubs ihr Rittner-Horn-Haus ein. Schon damals war der Berg infolge seiner Aussicht viel gerühmt, rief doch der Innsbrucker Sarntaler-Alpen-Erschließer Julius Pock in den 80er-Jahren: »Wer Tirol mit einem Blick überschauen will, besteige diese Höhen!« Ganz Tirol sieht man allerdings beim besten Willen nicht, immerhin aber zahlreiche Gipfel des bis 1918 vereinten Teils der Monarchie. Das Hauptaugenmerk gilt uneingeschränkt der Dolomitenvernissage: dem zum Greifen nahen kolossalen Schlernstock und seinen Trabanten Santnerspitze und Euringerspitze, die »Schlernzacken«. Außerdem – von Süden nach Norden – Latemar, Rosengarten, Langkofel, Geislerspitzen und Peitlerkofel. Nördlich davon die Zillertaler- und Stubaieralpen, westlich die Gletscherriesen der Ortleralpen, südlich Presanella, Adamello und die Felsklötze der Brenta. Eine Gala umschwärmter Gipfelhäupter exquisiten Charakters. Dazu unvergesslich auf dem Rittner Horn und bei jedem Bergsteiger nachhaltig im Erinnerungsschatz verankert: Sonnenuntergang und Sonnenaufgang.

Zur politischen Gemeinde Ritten (111,48 Quadratkilometer) gehört das gesamte Rittner Hochplateau, nördlich bis zum Gasteiger Sattel, einschließlich der Abhänge westlich zur Talfer, zum Bozener Kessel im Süden und östlich an den Eisack bei Blumau reichend. Mit Dekret des Landeshauptmanns vom 30. April 1973 trat für diesen Raum ein Gebietsplan in

Das Rittner-Horn-Haus ist ein beliebtes Tages-Ausflugsziel.

Gegenüberliegende Seite: Die berühmten Erdpyramiden auf dem Ritten bei Klobenstein.

27 Rittner-Horn-Haus

Hüttenweg-Stenogramm

ANFORDERUNGEN: *Unschwierige Rundwanderung, kein Schatten.*
GEHZEITEN: *Pemmern-Zirm – Rittner Horn 2¼ Std. (bei Benutzung der Gondelbahn zur Schwarzseespitze 1½ Std. weniger). Abstieg 2½ Std.*
STEIGUNGEN: *Etwa 850 m, bei Benutzung der Gondelbahn zur Schwarzseespitze fast 500 Höhenmeter weniger.*
EINKEHR UNTERWEGS: *Gasthof Unterhorn (auch Übernachtung), Jausenstation Roaner, Gasthof Boar.*
KARTE: *Mapgraphic 1:33 000, Blatt 31.*

Touristik

AUSGANGSORT: *Ritten (1100–1300 m). Politische Gemeinde überwiegend auf den Hochflächen nördlich von Bozen. Erschlossen durch die 1965 eröffnete Provinzstraße 74 von Bozen (Stadtteil Rentsch), aus dem Eisacktal (über Barbian), aus dem Sarntal (über Wangen) sowie seit 1966 durch die Seilbahn Bozen-Oberbozen.*
AUSGANGSPUNKT: *Pemmern-Zirm (1538 m), Ausflugsstätte, Gasthöfe Pemmern und Zirm, Talstation der Rittner-Horn-Seilbahn, großer Parkplatz, Busverbindungen (Linie 117) ab Bozen-Bahnhof letzte Juniwoche bis September. Seilbahn-Betriebszeiten im Sommer zwischen Mitte Mai und Anfang November von 8.30–17.30 Uhr.*
INFORMATION: *Tourismusbüro I-39054 Ritten/Klobenstein. Tel. 0471/35 61 00, Fax 0471/35 67 99, E-Mail: info@ritten.com, Internet: www.ritten.com.*

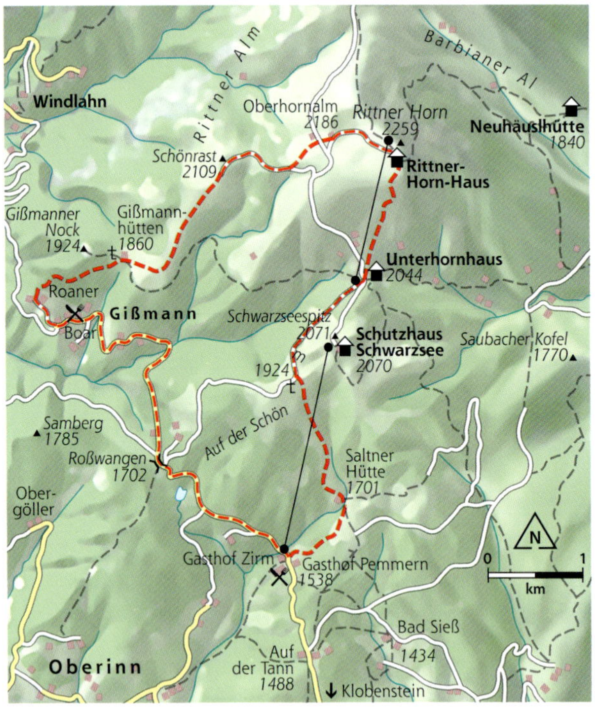

Kraft, um den Schutz der Naturausstattung und der Kulturobjekte zu sichern und seine landschaftsschonende Entwicklung zu gewährleisten, so der Wortlaut. Landschaftsschonend? Dagegen spricht bereits die erosionsgeschädigte Fratze des liftbesetzten Rittner-Horn-Südhangs. Und im Herbst 2000 hat man den Sessellift durch eine kapazitätsstärkere Kleingondel-Seilbahn ersetzt.

Gängige Wege sind die aus dem Süden, von Pemmern-Zirm an der Talstation der Gondelbahn zur Schwarzseespitze und von der Schwarzseespitze selbst. Sie können den Hüttenweg auch bei den Erdpyramiden antreten, vom Aussichtsplätzchen in fünf Minuten zu einem Kreuz. Hernach über den Finsterbach, links gleich wie Markierung 3A am Haus der Schreinerei vorbei. Durch die Straßenunterführung und über Bad Süß (1434 m) und die Saltnerhütte (1701 m) zu dem Weg, der in Pemmern-Zirm seinen Ausgang nimmt. Nordseitig, ab der Gasserhütte, wohin von Villanders ein Sträßchen (9 km) über das Berggasthaus Samberger Hof führt, begegnet man nur selten Wanderern auf dem 2¼-Stunden-Anstieg.

Gondelbahn oder nicht?

In Pemmern-Zirm (1538 m), oberhalb der Seilbahn-Talstation, an der Nordseite der Straße, gehen wir auf breitem Ziehweg (Markierung 1) links am vormaligen Gebäude des Gasthofes Pemmern, rechts an seiner einstigen Kegelbahn (Holzschupfen) vorbei. Aufwärts am Rand der Skipiste in 30 Minuten zu einem quer ziehenden Weg. Auf ihm links, die Gondelbahn unterschreitend auf einem Fahrweg – links Bildstock »Auf der Schön« – über Almwiesen. Nördlich durch die Westflanken der Schwarzseespitze in den Sattel vor dem Rittner Horn. Vom Parkplatz 1¾ Stunden.

Wenn Sie am 18. Oktober vorbeikommen und der Fuchsberger Burgl, seit »einer Ewigkeit« Wirtin des Gasthofs Unterhorn (2044 m), zum Geburtstag gratulieren, gibt's gratis ein Schnapserl! Das Unterhornhaus steht etwa fünf Minuten oberhalb des Sattels. Zum Berggasthof kommt man auch in 15 Minuten von der Seilbahn-Bergstation auf der Schwarzspitze (2071 m).

Vom Unterhornhaus rechts der Lifttrasse geht es in 30 Minuten über den Hang zum Rittner-Horn-Haus (2259 m) auf dem am häufigsten bestiegenen Berg der gesamten Sarntaler Alpen, die Naturpark werden sollen.

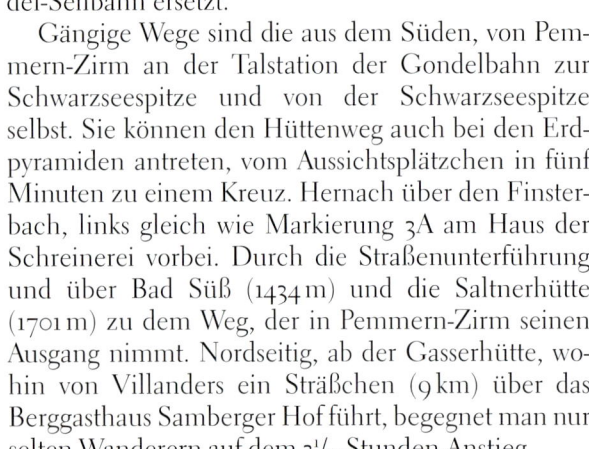

Für den Abstieg nehmen wir westlich der Hütte Wegnummer 2. Kurz darauf an der Gabelung links halten, abwärts zu den Hüttchen der OBERHORNALM (2186 m). Jetzt nicht auf dem linken breiten Weg weiter, sondern links etwas unterhalb der Hütten die rotweiß markierten Spuren beachten, den Almgüterfahrweg kreuzen und geradeaus über feuchte Wiesen zu einem Viehgatter. Farbzeichen leiten uns über die schwach gewölbte Kuppe der Schönrast (2109 m). Etwa 45 Minuten nach dem Gipfel steht rechts eine gemauerte Hütte. Wir folgen den Markierungen 2 in einen Sattel mit zwei Almhütten (1860 m). Bergan zum Wetterkreuz (drei Querbalken). Anschließend abwärts durch Wald. Bei der JAUSENSTATION ROANER stoßen wir auf das Sträßchen, das uns links in fünf Minuten zur 1749 erbauten Kirche Maria Heimsuchung im Weiler GISSMANN (1577 m) bringt. Vom Rittner Horn zwei Stunden.

Abschließend vom GASTHAUS BOAR auf dem Asphaltsträßchen, beobachtet von Einzelgehöften, über den Sattel ROSSWAGEN (1702 m) hinunter nach PEMMERN-ZIRM.

Das Rittner Horn von der Schwarzseespitze aus.

28 Lafenn 1527 m

Lafenn und St. Jakob bilden eine Art »Akropolis« auf dem Salten.

Es war einmal eine große, wunderschöne Stadt auf Lafenn. Als die Bewohner im Übermut ihres Reichtums anfingen, Gott zu lästern, ging die Stadt unter ... Erhalten blieb die Kirche, raunt eine Sage. Und wenn nachts grollender Donner die Stille zerreißt, sei dies das Getöse des Hammers jener Riesen, von denen einer die Kirche St. Kathrein in der Scharte von Hafling, der andere die von Lafenn erbaute. Ihnen stand nur ein Hammer zur Verfügung, den sie sich durch die Lüfte zuwarfen. Thor lässt grüßen!

Über die Ortsbezeichnung Lafenn kursieren verschiedene Mutmaßungen, eine geht vom althochdeutschen Wort »fenna« aus, was Sumpf bedeutet. Südlich der Lafenner Wiesen lagert das Knottenmoos. Existierte dort eine »untergegangene« Pfahlbausiedlung? Archäologische Beweise fehlen, jedoch bestehen über die vorchristliche Besiedelung des Gebietes aufgrund von Scherbenfunden keine Zweifel. Das Heiligtum St. Jakob findet um 1300 erstmalige Erwähnung: romanisch in den Grundzügen. Im polygonal abschließenden Chor ein Steinmetzzeichen und die Jahreszahl 1510, wahrscheinlich das Jahr des gotischen Umbaus; restauriert 1970, wobei man auf Freskoreste des 17. Jahrhunderts stieß.

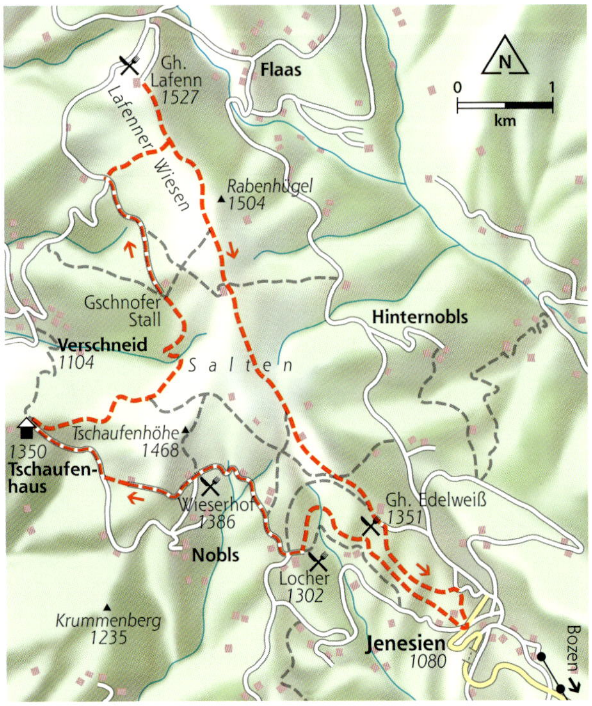

Kirche und Anwesen auf freier Kuppe über Lärchenwiesen bilden ein Ensemble, das an Lieblichkeit kaum noch zu überbieten ist. Zu diesen optischen Genüssen gesellen sich in der Jausenstation diverse Schmankerl der Südtiroler Küche, dargereicht von Bauersleuten. Dass gutes Essen und Trinken Leib und Seele zusammenhält, besitzt auf Lafenn gediegene bodenständige Etikette. Der Kirchtag Ende Juli war ein sozusagen gesellschaftliches Ereignis. »In langen Reihen standen die Tische unter freiem Himmel«, lesen wir beim Heimatkundler Paul Tschurtschenthaler (»Bozener Landschaften«), »und die Bauern von allen Höhen und Tiefen zwischen Bozen und Meran kamen mit ihren Knechten und Dirnen, denen sie Braten, Wein und Brot auftischten. Ochsen, Kälber und Schöpse (Lämmer, Anm. d. Verf.) wurden abgestochen und in die Bratpfannen gelegt, und man trank an die 40 Eimer Wein...« Nachdem 1840 eine Rauferei tödlich endete, verbat die Obrigkeit das Fest. Indes, wie versprochen, ist für eine deftige Marende gesorgt.

Von Jenesien über das Tschaufenhaus

Unser Ausgangspunkt ist die dem römischen Soldatenheiligen Genesius geweihte Kirche von Jenesien (1080 m), für das namentlich der Heilige Pate gestanden haben dürfte, denn 1186 ist eine Pfarre auf dem »Mons sanctissimi Genesii« beurkundet.

An der Raiffeisenkasse vorbei ansteigen. Beim Garni Latemar linkshaltend hinauf zur Umgehungsstraße. Auf der anderen Seite beim Kreuz die Holzstufen hoch in den Wald. An der Gabelung links halten entsprechend der Markierung L (= Locher). Der Waldweg leitet in 45 Minuten in die oberste Mulde des Fagenbaches (1228 m), wo Erdpyramidenbildung erkennbar ist. Die säulenartigen Türme entstehen durch Verwitterung aus dem Lockermaterial eiszeitlicher Moränen.

Über den Bachlauf und aus dem Tälchen ansteigen zum Locher (1302 m). Er besteht aus dem 1988 erstellten Gasthof mit Jausenstation sowie dem Bauernanwesen, dessen Stadel eine »Hungerglocke« trägt, handwerklich gearbeitet von einem deutschen Gast. Ab Jenesien eine Stunde.

Nun auf der Straße bergan. Das Gebäude links war früher die Schule, heute ist es ein Jugendheim. Später senkt sich das Teersträßchen. Halblinks im Vorblick erscheinen abermals Erdpyramiden, die »Wieser-Lahn«, so benannt nach dem höher gelegenen »Wieser«. Gut 30 Minuten nach dem »Locher« verlassen wir das Sträßchen rechts in Höhe des Wieserhofes (1386 m). Links des Gasthofs geht es mit Markierung 2 hinauf zur Kuppe. Vorbei am Guggenhof (1422 m),

Hüttenweg-Stenogramm

ANFORDERUNGEN: *Leichte Rundwanderung, anfangs etwas Schatten.*
MARKIERUNGEN: *Wegweiser, weißrote Farbzeichen.*
GEHZEITEN: *Insgesamt knapp 6 Std. Jenesien-Tschaufenhaus 2 1/4 Std. Tschaufenhaus-Lafenn 1 3/4 Std. Lafenn-Jenesien 1 3/4 Std. Steigungen: Etwa 600 m.*
EINKEHR UNTERWEGS: *Gasthof Locher, Gasthof Wieser (Freitag geschlossen). Tschaufenhaus (Montag geschlossen). Gasthaus Edelweiß.*
KARTE: *Mapgraphic 1:33 000, Blatt 31.*

abwärts, zuletzt auf einem Natursträßchen 10 Minuten zum volkstümlichen Ausflugsziel TSCHAUFENHAUS (1350 m) in herrlicher Lage.

Auf dem Herweg kurz zurück, dann halb links der Bezeichnung 7 bergan folgen. Die breite Trasse führt an das Ufer des TSCHAUFENWEIHERS (1393 m), einem geschützten Biotop. Südöstlich wölbt sich die Tschaufenhöhe (1468 m). In der Nähe stieß man auf ein Grab aus der Völkerwanderungszeit.

An der Weggabelung gilt für uns halb links Nummer 7A. Am Saum, dann im Schwarzwald führt die Route in nördliche Richtung, bringt uns zu Christian, dem Wirt der Jausenstation GSCHNOFER STALL (1439 m), die u. a. mit hausgemachten Mehlspeisen verwöhnt. Weiter auf dem Almgüterfahrweg – von rechts mündet Markierung M – noch 20 Minuten. Dann an der Kreuzung rechts, jetzt von Markierung L geboten. Die Feuchtwiesen des Knottenmooses bleiben rechts liegen. Wir gelangen ansteigend über die mit Lärchen bestandenen Lafenner Wiesen in 15 Minuten zum breiten Querweg von Jenesien. Er ist identisch mit einer Teilstrecke des allseits geachteten Europäischen Fernwanderweges 5.

Links, in 10 Minuten vollends hoch zu der hinter dem Aufschwung sichtbar werdenden LAFENN (1527 m) auf dem höchsten Platz des Salten.

Beim Abstieg nehmen wir kurz den Herweg. Wo er sich rechts wendet, laufen wir noch 50 Meter weiter zum Wegedreieck bei einem Holzstadel. Hier – ungefähr 15 Minuten von Lafenn – geht es rechts auf dem angesprochenen Europäischen Fernwanderweg 5 über die malerischen Höhen des SALTEN, den Rabenhügel mäßig ansteigend in seiner Westflanke traversieren. Für die Bozener ist der Salten eine über Generationen lieb gewonnene Wandersommerfrische, sind es vertraute Pfade über Lärchenwiesen, die im Herbst diese Welt verzaubern.

Beim GASTHOF EDELWEISS (1351 m) hat uns die »Zivilisation« wieder. Letzte Rast bei der Familie Höller, an den Tischen und Bänken im Freien, auf der Veranda, vielleicht bei einem Glas frischer Buttermilch.

Auf der anderen Seite des Sträßchens vertrauen wir uns der Bezeichnung E sowie den vertrauten Markierungsfarben an und folgen dem schattigen Waldweg, vorbei an Haflingerweiden nach JENESIEN (1087 m).

Lafenn

Westlicher Sarntaler Hauptkamm. Bergbauernhof, Gasthaus und Jausenstation auf der höchsten Stelle des Salten, nordwestlich von Jenesien, östlich von Mölten. Keine Nächtigung. Von Jenesien direkt 2¼ Std., vom Parkplatz Schermoos (3,3 km von Mölten) ¼ Std.

Touristik

AUSGANGSORT: *Jenesien (1080 m), Sitz der gleichnamigen Gemeinde an den südöstlichen Ausläufern des Salten, nordwestlich von Bozen, Busverbindungen. Die breite asphaltierte Zufahrt (9 km) zweigt 600 m südlich der Talstation der Jenesienseilbahn von der Sarntaler Straße ab. Seilbahn-Bergstation ca. 10 Minuten von der Kirche Jenesien entfernt. Betriebszeiten wochentags 7.10–12.30 Uhr, 14.20–19.30 Uhr alle 20 bis 30 Min., an Sonn- und Feiertagen 8.00–12.30 Uhr, 14.30–19.00 Uhr alle 30 Minuten.*
Die Übernachtung im Gasthof Edelweiß (Tel. 0471/354106), 2,5 km außerhalb Jenesiens am beschriebenen Wanderweg, ist stets zufrieden stellend.

INFORMATION: *Tourismusbüro I-39050 Jenesien. Tel. 0471/354196, Fax 0471/354085.*

Gemütliches Wandern auf den zirbenbestandenen Höhen des Salten.

29 Pfandler-Alm-Hütte 1345 m

Pfandler Almhütte

Privat, Östliche Sarntaler Alpen. Auf der Pfandler Alm, südöstlich von St. Martin/Passeiertal. Tel. 0473/641841. Bewirtschaftet von Anfang Mai bis Ende Oktober. 12 Matratzenlager. 50 Min. vom Gasthof Pfandlerhof (Teersträßchen 5,2 km von St. Martin). Von St. Leonhard wie geschildert knapp 3 Std.

Unweit von St. Leonhard im Passeiertal stoppt uns auf der Talstraße das Sandwirthaus, die Geburtsstätte von Andreas Hofer. Dieser Mann verkörpert für die Nachwelt viel mehr als nur einen Tiroler Freiheitshelden: Er ist Symbolgestalt aller freiheitsliebenden Menschen. Ein Brunnen plätschert unter alten Bäumen. Auf dem Parkplatz stehen die Autos dicht nebeneinander. Im Wirtsgarten sind freie Plätze Mangelware. Grünes Laub malerisch an den Balkonen und am Treppenaufgang. Wände und Decken der Gaststube sind rauchgedunkelt. Im Herrgottswinkel hängt das Kruzifix mit der Zier vom letzten Palmsonntag. Der »Rote« funkelt im Glas. Ein Prost dem wackeren »Ander«, dem aufrechten Mann!

Hofer hatte im Alter von 21 Jahren das elterliche Anwesen übernommen, trieb nebenbei Handel mit Pferden, Wein und Schnaps. Den 22-Jährigen wählte die Talschaft in den Landtag nach Innsbruck. Und zwei Jahrzehnte später erfüllte sich sein Schicksal zu Mantua, nach Gefangennahme auf der Pfandler Alm.

Aus dem Passeiertal

In St. Leonhard (653 m) zwischen den Hotels Stroblhof und Frick auf der Straße ansteigen und rechts halten. Vorbei am mittelalterlichen Schildhof Happerg (rechts, Haus Nr. 22). Die Ursprünge der Schildhöfe, von denen im Passeiertal noch ein Dutzend stehen, reichen ins 13. Jahrhundert zurück, als Graf Albert von Tirol (1190–1253) sich des militärischen Beistands von Schildknappen bediente. Schildhöfler, Angehörige des Landadels, genossen u. a. Steuerfreiheit, Fischerei- und Jagdrecht, mussten aber im Kriegsfall dem Landesherrn innerhalb Tirols Grenzen mit Pferd und Waffen zur Seite stehen.

Nach 15 Minuten geht es bei der Pension Waldrast halbrechts abwärts zur Gedächtnisstätte für zwei Gefallene des Tiroler Freiheitskampfes. An der Gabe-

Freier Blick vom Pfandlerhof über das hintere Passeiertal.

lung bei den Rastbänken hält sich der »E 5« links, passiert ein Wetterkreuz, überquert den Bach der früher gefürchteten Kehrmure und erreicht den Kammerfeitwaal. Am künstlichen Bewässerungsgraben 5 Minuten entlang. Dann links zum Steg (740 m) der Gilf, der ungebändigten Wasserfallklamm des Fartleisbachs. Er nährt über zwei Holzkandeln den Waal. Rechts folgt die Ruine eines E-Werks. Der Hangpfad bringt uns zur Jausenstation Pfeiftal. Von St. Leonhard 50 Minuten.

Auftakt strammen Steigens! Links, die Prantacher Straße kreuzen und rechts nach dem Bildstock Hofkapelle weiter im Wald. Abermals die Teerstraße überqueren. Sicher geleitet durch Markierungen und Wegweiser erreichen wir das zum Streuweiler Prantach gehörende Kanzel-Berggasthaus Pfandlerhof (1040 m). Von St. Leonhard zwei Stunden.

Hierher flüchtete Andreas Hofer, nachdem am 10. Dezember 1809 der Tiroler Widerstand endgültig zusammengebrochen war. Hier verbrachte er mit seiner Frau Anna und dem Sohn Joseph den letzten gemeinsamen Heiligen Abend. Auf den Bergen lag Schnee. Im Tal gingen die Steckbriefe, mit denen Hofer gesucht wurde, von Haus zu Haus. Etliche Vertraute wussten von seinem Schlupfwinkel. Wer würde der Judas sein – für 1500 Gulden? Franz Raffl, Pächter des unterhalb des Pfandlerhofs gelegenen Gruberhofs (1987 abgerissen) ließ sich durch das Kopfgeld blenden. Am 27. Januar 1810 teilte der Pfarrer dem Gesuchten mit, die Franzosen hätten von seinem Versteck erfahren. Hofer flüchtete zur Pfandler Alm ...

Wir setzen den Anstieg in Richtung Pfandler Almhütte fort, folgen der Markierung 1 auf schmalem Wiesenweg hoch in den Wald. Anschließend entweder mit den langen Schleifen eines Forstwegs oder dem rotweiß bezeichneten Pfad annähernd in Falllinie zum unteren Rand der Lichtung, auf der uns die Pfandler Almhütte (1345 m) einlädt.

Andreas-Hofer-Gedächtnisstein bei der Pfandler-Alm-Hütte.

Am Südrand der Lichtung steht neben einem Gedenkstein die (1984 rekonstruierte) Blockhütte, die letzte Zuflucht Hofers, wo ihn die Franzosen am 28. Januar 1810 frühmorgens gegen 4.00 Uhr festnahmen. Am 20. Februar 1810 krachten in Mantua die Gewehre des Exekutionskommandos. »Ade mei schnede Welt. So leicht khompt mir das sterben vor, daß mir nit die Augen naß werden«, schrieb Andreas Hofer in seinem Vermächtnis »um 5 urr in der frue, und um 9 urr Reißl ich mit der Hilfe aller Heilig zu gott.« Das Grab birgt seit 1823 die Hofkirche zu Innsbruck. Der Verräter verbrachte seinen Lebensabend in Reichertshofen bei Ingolstadt, unterstützt durch eine Pension des mit Napoleon alliierten bayerischen Staates.

Touristik

AUSGANGSORT: *St. Leonhard (693 m). Hauptort des Passeiertales, Markt seit 1988, Sitz der gleichnamigen Gemeinde (88.32 km^2). Von Meran (nächster Bahnhof) 20 km, Busverbindungen. Von Sterzing über den Jaufenpass 20 km. Abzweigung der Straße über das Timmelsjoch ins Ötztal.*

SEHENSWERT: *Sandwirthaus, 1,5 km südlich von St. Leonhard. Parkplätze. Bushaltestelle. Neben dem historischen Gasthof ist ein Andreas-Hofer-Gedenkraum eingerichtet sowie das Heimatmuseum. Zum Komplex Talmuseum gehört noch der an Pfingsten 2002 eröffnete Passeirer Haufenhof als Freilichtmuseum. Geöffnet Mai bis November außer Montag 10.00–18.00 Uhr.*

INFORMATION: *Tourismusbüro I-39015 St. Leonhard. Tel. 0473/656188, Fax 0473/656624, E-Mail: info@passeiertal.org, Internet: www.passeiertal.org.*

Zugabe: Weiter auf dem »E 5«

Die Route ist identisch mit einer Etappe des Europäischen Fernwanderwegs 5, kurz »E 5« genannt, und zwar dem Teilstück zwischen Bodensee und Verona.

Ab der Pfandler Alm kommen nochmals 700 Höhenmeter dazu, wobei Probleme auftreten können, wenn gelegentlich Muren den Pfad teilweise abreißen und unbegehbar machen. Pfandler Alm–Hirzerhütte 4¼ Stunden. Etwa 15 Minuten von der Hirzerhütte befindet sich die Bergstation der Hirzerseilbahn; letzte Talfahrt 17.30 Uhr, Juli–September 18.30 Uhr.

Betriebszeit von Palmsonntag bis Sonntag nach Allerheiligen. Ab Talstation Saltaus regelmäßige Busverbindungen mit St. Leonhard.

Nächste Etappen des »E-5« im Raum Sarntaler Alpen sind Hirzerhütte–Hirzer–Meraner Hütte 5½ Stunden und von der Meraner Hütte über Lafenn nach Jenesien/Bozen 6 Stunden.

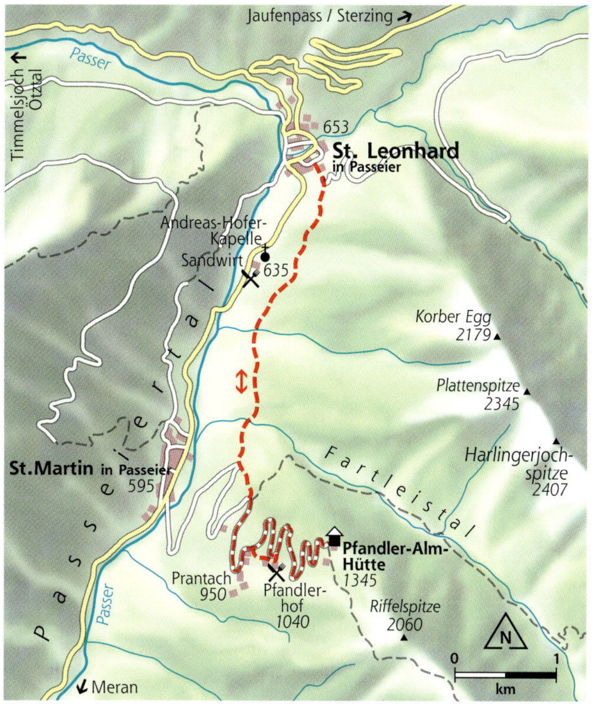

Hüttenweg-Stenogramm

ANFORDERUNGEN: *Unschwierige Wanderung, teilweise Schatten.*

MARKIERUNGEN: *Wegweiser, rotweiße Farbzeichen.*

GEHZEITEN: *Aufstieg knapp 3 Std., Abstieg 2 Std.*

STEIGUNGEN: *Aufstieg 670 m – Abstieg 40 m.*

EINKEHR UNTERWEGS: *Jausenstation Pfeiftal (Donnerstag Ruhetag), Pfandlerhof (Donnerstag Ruhetag).*

KARTE: *Mapgraphic 1:33 000, Blatt 31.*

30 Überetscher Hütte 1773 m

Überetscher Hütte

(ital. Rifugio Oltre Adige), 1773 m. Nonsberggruppe. An der Basis der Monte-Roèn-Ostabstürze. CAI-Sektion Bozen. Tel. 0471/812031. Bewirtschaftet letzte Maiwoche bis letzte Oktoberwoche, bei schönem Herbst bis Allerheiligen. 34 Matratzenlager; Übernachtung unbedingt reservieren. Vom Mendelpass 2½ Std., von Altenburg 3½ Std., von Tramin 4 Std. Von der Roènalm (10 km Fahrsträßchen, davon 7 km geteert von Amblar) 20 Min.

Die Großväter im Alpenverein erkannten die Ausguckqualitäten der Höhen um den Monte Roèn auf das annähernd 2000 Meter tiefer liegende Überetsch samt Kalterer See sowie zu den Dolomiten und erstellten 1912 in der Örtlichkeit Tscherba (abgeleitet vom lateinischen Wort Cerva = Hirschkuh) als Sommerfrische ein Schutzhaus: die Überetscher Hütte an der Steilhangkante. Rückwärtig gelbbrauner Dolomitfels, rund 300 Meter hochragend, gegliedert durch grasbüschelbesetzte Rampen, Rinnen und Absätze – das ist der Monte Roèn, Kulminationspunkt im Mendelkamm, nach der Laugenspitze über dem Gampenpass höchster Gipfel der Nonsberggruppe, eine Grenzmarke der Provinzen Bozen und Trient. Die Nonsberggruppe stellt eine geografische Novität dar, denn erst die »Alpenvereinseinteilung der Ostalpen« schenkte ihr 1982 Selbstständigkeit. Vorher gehörte das Gebiet zur Brenta. Die Grenzen der Nonsberggruppe sind grob umrissen Bozen – Etschtal bis Mezzocorona – Val di Sole – Lago di Giustina – Val di Pescara – Proveis – Marauntal zur Mündung in den Valschauer Bach – Lana – Etschtal – Bozen.

Seit 1996 ist das Ehepaar Wurz Pächter der Überetscher Hütte. Helga organisiert die Küche, der Gemahl geschäftig den Service.

Leistungswillige gehen die 1500 Höhenmeter zum Schutzhaus kompromisslos direkt und steil von Tramin an. Der Aufstieg führt in vier Stunden durch die Furcht erregende Schlucht des Höllenbachs. Rund eine Stunde kürzer ist es vom Gummererhof, den man auf schmaler, asphaltierter Zufahrt von Söll bei Tramin ansteuert. Etwa 3¼ Stunden dauert der Göllersteig, von Altenberg bei Kaltern über das Taurisjoch – genau 1160 Höhenmeter, und wie alle ostseitigen Routen an heißen Tagen eine Qual. Wohl sind es vom Mendelpass 2½ Stunden, doch nur etwa 450 Höhenmeter. Letztere Möglichkeit ist die übliche Route. Wenige Wanderer nehmen das Almgütersträßchen vom westlich gelegenen trentinischen Sommerferienort Amblar (12,5 km vom Mendelpass, über Cavareno) zur Roènalm, von wo es nur mehr 20 gemächliche Minuten zur Überetscher Hütte sind. Ein möglicher Rückweg ist Klettersteig – Monte Roèn – Roènalm oder auf dem Hinweg zur Roènalm, von wo der Monte Roèn unschwierig in einer Stunde erstiegen wird. Herrlicher Rundblick!

Oben rechts:
Die Roènalm ist neben der Überetscher Hütte der bedeutendste Stützpunkt in diesem Tourengebiet.

Unten:
Die Felskulisse des Mont Roèn bei der Überetscher Hütte.

Von der Mendel

Die Straße aus dem Überetsch zum Mendelpass entstand zwischen 1880 und 1885 aus militärischen, die 1903 nach der erstaunlich kurzen Bauzeit von 14 Monaten in Betrieb genommene, durch ein 34 Millimeter starkes Drahtseil gezogene Standseilbahn aus touristischen Überlegungen als Fortsetzung der 1898 eröffneten, nach dem Zweiten Weltkrieg stillgelegten Überetschbahn Bozen-Kaltern.

Von der Mendelbahn-Bergstation oder vom höchsten Punkt des Mendelpasses (1363 m) der Tafel »Enzianhütte« auf geteertem Sträßchen folgen. Es dauert nicht lange, bis Markierung 521 links abzweigt und direkt zum ganzjährig geöffneten Berggasthaus Enzianhütte (1421 m) leitet; dort ist die letzte Parkgelegenheit.

Die Südrichtung und Nummer 521 beibehalten. Rechts fließt der Weg vom Roènlift-Parkplatz ein. Auf Lichtungen stehen vereinzelte Ferienhäuser. Vom Mendelpass zur privaten Halbweghütte (1594 m) benötigen wir knapp eine Stunde. Sie liegt auf halbem Weg zwischen Mendelpass und Roènalm.

Hierauf wendet sich links ein Stichpfad zu einem luftigen Aussichtsplätzchen am Lawinenspitz (1629 m). Kaltern und sein weinbesungener See liegen dem Wanderer zu Füßen.

Auf unserem Höhenweg nimmt die Steigung zu. Am Sass de la Prieda gewinnt der talseitige Prazöllsteig (Nr. 538) den Kamm. Etwa 20 Minuten nach Halbweg geht es über eine Lichtung. Schließlich abwärts. Rechts oben das 1913 erbaute, 1994 durch »Alpini« renovierte Almkirchlein MADONNA DELLE NEVE. Und gleich danach erreichen wir die ROÈNALM (1769 m), wo uns der große schwarze Hund Tex schwanzwedelnd und fröhlich bellend begrüßt. Auf den Weiden verbringen etwa 185 Jungtiere der Bauern aus Romeno den Sommer. Sie werden von einem Hirten beaufsichtigt.

Unterhalb im Sattel erklärt ein hölzerner Zeiger die nächsten Ziele und ihre Wegnummern. Auf Nummer 521 gehen wir wie bisher zur Roènspitze. Dann links, auf einem breiten Weg mit Nummer 560, durch Wald. Plötzlich erscheinen über uns die Roènwände. Der Weg fällt ab zur ÜBERETSCHER HÜTTE (1773 m).

Jedes Mal aufs Neue der eindringliche, Schwindel erregende Blick in die Tiefe. »Das Überetsch wird der Rheingau der Alpen genannt, weil es ein ergiebiges Weinbaugebiet ist und weil es eine große Zahl alter Edelsitze aufweist«, schwärmte »Schenkers Führer durch Südtirol mit internationalem Hotelanzeiger« im Jahr der Hüttengründung. Auf dem Überetsch pflegte »der tirolische Adel seine Sommer- und Herbstwohnungen, hier wurde die Weinlese begangen, von hier aus Jagden unternommen«. Das Überetsch stand im Rufe einer Stätte der Lustbarkeit, der Gastlichkeit und zwangslosen Geselligkeit. Schon der Dichter und Minnesänger Oswald von Wolkenstein schätzte Traminer Weine, vermisste sie schmerzlich während des Konstanzer Konzils (1414–1418), denn deutsche Rebensäfte machten ihm »die kel so krank, daß sich verirrt mein hells gesank«. Flehentlich bat er: »Dick Tramin stet min Gedank.« Sittenwächter allerdings fürchteten im Traminer Wein eine Quelle der Versuchung, die den Frauen »ihre Köpf wärmet und dermaßen erhitzet, daß sie nieder und zu Boden fallen und ihre Ehr verzetten«.

Zugabe: Ganz oben sein!

Hinter der ÜBERETSCHER HÜTTE, etwas links versetzt, erklärt ein Wegweiser »Cima Roèn«. Das Begehen von Wegnummer 523, identisch mit dem stellenweise drahtseilgesicherten MONT-ROÈN-KLETTERSTEIG, erfordert Trittsicherheit, Schwindelfreiheit und zweckmäßige Ausrüstung. Ein Anschlag illustriert, wie Selbstsicherungskarabiner an den Drahtseilen zu handhaben sind. Hütte–Gipfel eine Stunde, sofern nicht unbeholfen Voraussteigende längere Wartezeiten verursachen.

Der steinige schmale Weg führt hoch zur Via ferrata. Sie erschließt die Ostwand, geschickt ihre Schwachstellen nutzend, und endet gute 10 Minuten unterhalb des großen Gipfelkreuzes auf dem MONTE ROÈN (2116 m).

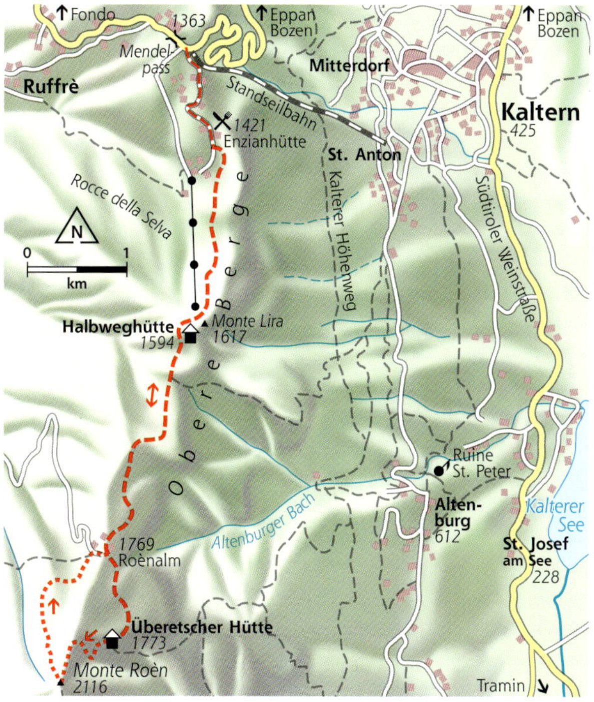

Zugabe: Bertas Weisheiten

Klettersteig oder Wanderweg – wir machen Halt in der Roènalm bei der gebürtigen Südtirolerin Berta Tröger. Das weithin bekannte Original lebt in Cavenaro, hatte fünfzehn Jahre die Überetscher Hütte geführt und 1986 die Roènalm übernommen, anfangs als Hirtin und Wirtin. Das aber war selbst für sie zu viel. Nun ist sie alleine für die Gäste da und die Gäste schätzen ihr persönliches, im Bedarfsfall resolutes, unkompliziertes, bauernschlaues Wesen. Die acht Schlafplätze stehen nur dann zur Verfügung, wenn nicht geheizt werden muss. Berta spricht von Gott und der Welt, erklärt die aktuelle Wetterlage am spezifischen Beispiel Monte Roèn, schimpft auf die Politiker in Trient. Sie würden alle fünf Jahre vor den Wahlen die Bevölkerung zwecks Stimmenfang hemmungslos anlügen und die Menschen würden ihnen immer wieder Glauben schenken (was gewiss nicht trentospezifisch ist!). Den Hiesigen versprach man eine Art Skizirkus zwischen Monte Roèn und Mendel, gaukelte ihnen aus dem Wald gerissene Pisten vor, ohne zu überlegen, wer dort überhaupt Ski fahren sollte, und ohne zu kalkulieren, wann und wie lange überhaupt Schnee liegt. Ganz abgesehen von dem erheblichen Eingriff in die Natur. Im August 2000 hat man die Anfahrt von Amblar weitgehend geteert. Warum gibt es keine umweltverträglichen Aktivitäten? Einen Pflanzengarten, Reiten, Skilanglauf, Mountainbiking, weiterhin Wandern, schlägt Berta vor. Doch ihre Meinung interessiert niemanden im Regionalparlament. Sie wird als »populustisches Stammtischgeschwätz« abgetan, obwohl diese Meinung intellektueller, zeitgerechter und zukunftsorientierter ist als die der in lobbyistischen Zwängen gefesselten Parteien.

Hüttenweg-Stenogramm

ANFORDERUNGEN: *Unschwierig, längere Strecken schattig, vor allem frühmorgens und abends.*

MARKIERUNGEN: *Wegweiser, rot-weiße Farbzeichen.*

GEHZEITEN: *Hinweg $2^1/_2$ Std., Rückweg $1^3/_4$ Std., bei Benützung des Roenlifts (Juli, August, September, Talstation 1,5 km vom Mendelpass, braune Hinweistafel »Roen«) etwa 1 Std. sowie 230 Höhenmeter weniger bis Überetscherhütte.*

STEIGUNGEN: *Hinweg 450 m, Rückweg 100 m.*

EINKEHR UNTERWEGS: *Enzianhütte, Halbweghütte (Übernachtung), Roènalm (Übernachtung).*

KARTE: *Mapgraphic 1:25 000, Blatt 8.*

Touristik

AUSGANGSORT: *Kaltern (425 m). Hauptort des Überetsch an der Südtiroler Weinstraße und Mittelpunkt von neun Fraktionen. Von Bozen (nächster großer Bahnhof, Autobahnanschlussstelle) 15 km, Busverbindungen.*

AUSGANGSPUNKT: *Mendelpass (1363 m). Westlich von Kaltern an der Staatsstraße 42. Von Kaltern 14 km. Sommers zeitweise Kleinbusse von Kaltern und St. Michael. Bergstation der Standseilbahn von Kaltern-St. Anton.*

INFORMATION: *Tourismusbüro I-39052 Kaltern. Tel. 0471/963169, Fax 0471/963469, E-Mail: tourismusverein.kaltern@rolmail.net, Internet: www.hallo.com.*

31 Hochganghaus 1839 m

Hochganghaus,
ein beliebtes Ausflugsziel
um Meran–Algund.

Dem 1890 erbauten Hochganghaus fehlt natürlich jegliche Beziehung zur Steinzeit, die Rundtour über die Spronser Seen und besonders die prähistorischen Zeugnisse am Pfitscherjoch versetzen uns aber etwa 5000 Jahre zurück.

Mehrheitlich kommen die Gäste des Hochganghauses in $1^1/_4$ Stunden von der Leiteralm, und die wiederum erreichen sie ab Algund mit Liften über Vellau oder vom Berggasthaus Hochmut auf dem stellenweise mit Eisenketten ausgestatteten Hans-Frieden-Weg.

Das Hochganghaus sei eine Nichtraucherhütte, betonen Anneliese und Fritz Erlacher aus Marling. An den Tischen im Freien verbieten Hinweise – wie bei vielen anderen Hütten – den Verzehr mitgebrachter Brotzeiten. Hoffentlich sind diese Hütten eines Tages nicht sogar froh, überhaupt Gäste zu haben!

Hüttenweg-Stenogramm

ANFORDERUNGEN: *Hüttenzugang als solcher unschwierig und stellenweise schattig. Für die Rundwanderung sind Trittsicherheit und Schwindelfreiheit erforderlich; idealer Zeitpunkt ist Mitte Juli.*
MARKIERUNGEN: *Wegweiser, rotweiße Farbzeichen.*
GEHZEITEN: *Hüttenweg $1\frac{1}{4}$ Std. Insgesamt $6\frac{1}{2}$ bis 7 Std.*
STEIGUNGEN: *Hüttenweg 320 m, insgesamt 1050 m.*
EINKEHR UNTERWEGS: *Oberkaseralm (auch Übernachtung).*
KARTE: *Tabacco 1:25 000, Blatt 011.*

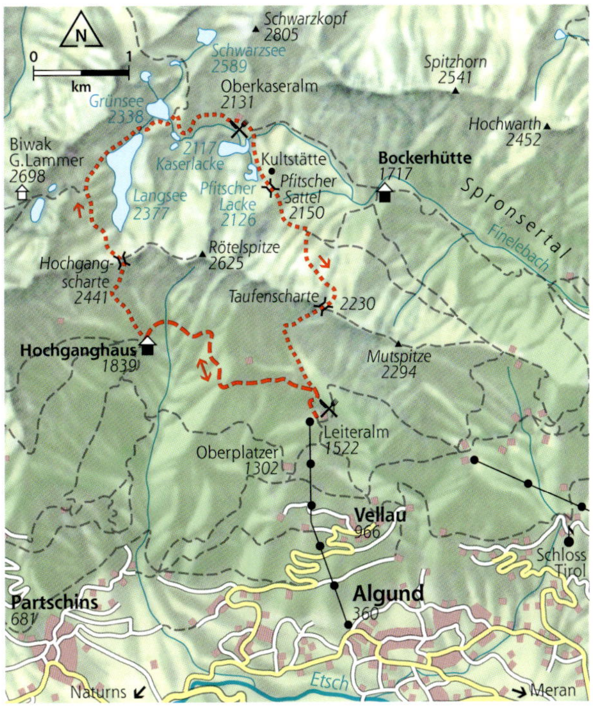

Hin und wieder machen Aspiranten des sechs Tage in Anspruch nehmenden Meraner Höhenwegs um den 1976 auf einer Fläche von 33 430 Hektar gegründeten Naturpark Texelgruppe Rast. Und gelegentlich brechen Wanderer auf in den Hochgang, der Pforte für die größte hochalpine Gewässerplatte Südtirols, einem eiszeitlichen Szenario von kolossalem, schier unwirklichem Fluidum. Acht bis zehn nennenswerte Seen, die rund 30 Hektar einnehmen, wurden auf begrenztem Raum in Höhenlagen zwischen 2598 Metern und 2117 Metern von den Gletschern erodiert bzw. im Gestein der alten Gneise, der Granitgneise und des Glimmerschiefers zurückgelassen. Die Szene erweckt den Eindruck, als habe die Eiszeit gestern den Hobel aus der Hand gelegt und vergessen, ihre Werkstücke aufzuräumen: rundgeschliffene Felshöcker, auf denen in bizarrsten Stel-

Zugabe: Tagesziel Spronser Seen

Nördlich des Hochgang ruht der mehr als einen Kilometer ausgedehnte Langsee: der Beginn der Spronser-Seen-Runde. Wir halten uns links, westlich, vor uns im Blick den doppelgipfeligen Tschigat aus Granitgneisen. Hellgrüne Flechten überziehen die Blöcke neben dem Weg, der sich bald rechts wendet, hin zum Langsee (2377 m). Gelegentlich schießen Saiblinge aus dem Wasser. Seine größte Tiefe beträgt 35 Meter. Selbst bei Sonne und blauem Himmel wirkt der Kessel archaisch. Im Trümmergewirr finden Schneehühner Schutz, vereinzelte Steinhühner nisten, Kolkraben horsten.

Der annähernd kreisrunde Grünsee (2338 m), bis 26 Meter tief, schließt sich an; seine Wasserfläche beträgt 3,6 Hektar, der Überlauf ist gemauert. Daneben entwächst dem Felsblock eine kleine Unterstandhütte als reizvoller Rastplatz.

Absteigend wird der seichte Mückensee (2330 m) gestreift. Über eine Geländestufe zum Schnitzer Sepp in der Oberkaseralm (2131 m): herzliche Bedienung, angemessene Preise – Qualitäten, die in Südtirol vielfach längst in Vergessenheit geraten sind. Vom Hochganghaus $2\frac{3}{4}$ Stunden.

Südlich der Hütte ruht der Kasersee (2117 m), von den Almbauern Kaserlacke genannt, stark verlandet, im Sumpf blühendes Wollgras. Daran führt Markierung 27 vorbei, an den hufeisenförmigen Pfitschersee (2126 m). Es folgt der Pfitschersattel (2150 m). Wanderer spazieren dahin, als wäre dies ein Platz wie tausend andere. Irrtum! Vor rund 4500 Jahren, während der Steinzeit, sind Menschen aus den Tälern zu einer Kultstätte hochgestiegen, dem größten, bekannten Sonnenheiligtum des europäischen Festlands. Seine Existenz bestätigten die 1988 abgeschlossenen, fünfjährigen wissenschaftlichen Untersuchungen des Bremer Paläastronomen Dr. Aribert Egen. Er datiert das sorgfältig aus Steinen geschichtete Mauerwerk in die Zeit um 3000 v. Chr. und spricht von einer Gestirnereligion an diesem Ort. Mehr als 30 Steine liegen herum mit über 500 »Näpfchen«. An einem dieser Steine rechts des Wegs sind runenartige Zeichen eingemeißelt. Ist es eine Megalithschrift? Der große Findling links soll als Altar gedient haben. Und der daran aufgeschichtete Steinsitz mit einer Sitzfläche von 80 mal 80 Zentimetern? Tausende von Jahren starren dich an!

Aus dem Sattel mäßig abwärts. Anschließend rechts haltend die Hänge queren zu einem Felszahn; vom »Oberkaser« 20 Minuten. An der Weggabelung rechts und durch Geröllmulden 45 Minuten ansteigend in die Taufenscharte (2230 m), den tiefsten Punkt zwischen Mutspitze (links) und Rötelspitze. Unsere Route wechselt aus der hohen Öde von Sprons in den mit üppigem Wachstum verwöhnten Meraner Kessel. Der bei Altschnee gefährliche Weg Nummer 25 verlässt die Felsregion. Auf Zickzackweg durch eine Rinne abwärts, ein Stück ziemlich steil, danach flacher über einen Grasrücken und durch den Waldgürtel hinunter zur Leiteralm (1522 m).

31 Hochganghaus

Hochganghaus

Privat. An der Südseite des östlichen Naturparks Texelgruppe, nordwestlich von Meran oberhalb der Waldgrenze.
Tel. 0473/443310, Tel. und Fax Tal 0473/449015.
Bewirtschaftet Anfang Juni bis Ende Oktober.
30 Matratzenlager (Ermäßigung mit Alpenvereinsausweis). Offene Notunterkunft.
Von der Leiteralm 1¹/₄ Std., vom Berggasthof Hochmut 1¹/₄ Std.

Abbildung rechts: Der Langsee bildet das größte Gewässer der faszinierenden Spronser Seenplatte.

lungen, scheinbar Schwerkräften trotzend, eratische Blöcke herumliegen.

Von der Leiteralm

Neben der alten LEITERALM (1522 m) mit Markierung 24 wie vom Wegweiser erklärt. An der Gabelung auf dem oberen, steinigen Weg zehn Minuten zu einem Wetterkreuz. Weitere zehn Minuten später über eine kleine Lichtung mit zwei Holzhütten. Vorbei am Felsklotz des Gampbichl, wo eine Urzeitstätte vermutet wird. Ruinenreste passierend in den vermurten Tobel des Töllgrabens und zum HOCHGANGHAUS (1839 m).

Nordrichtung! Das markierte Weglein 7 führt über Wiesen, dann durch ein Waldstück mit mehrheitlich krankem Baumbestand, um in längerer Linksquerung nach einer Stunde eine Quelle zu erreichen. »Nur für Geübte« warnt eine Tafel. Hinter der Ecke nimmt uns eine Schuttrinne auf, die weniger später rechts verlassen wird, in felsiges Terrain. Erste Eisenkette. Eine Leiter. Ketten und Drahtseile vermitteln weiterhin Sicherheit und Geborgenheit im Fels. Das Hochganghaus wird zunehmend kleiner, die Luftigkeit des Steigs eindrucksvoller. Zuletzt um eine ausgesetzte Kante zur Holzstange im HOCHGANG (2441 m). Vom Hochganghaus 1¹/₂ Stunden.

Touristik

AUSGANGSORT: *Vellau (966 m). Tourismusstation nordwestlich von Meran bzw. oberhalb (7 km) von Algund, Busverbindungen. Sessellift von Algund-Mitterplars. Talstation des Korblifts zur Leiteralm (8.00–12.00 Uhr, 13.00–17.00 Uhr; Sonn- und Feiertage bis 18.00 Uhr).*

AUSGANGSPUNKT: *Leiteralm (1522 m), Berggasthof oberhalb von Vellau. Von dort Korblift; zu Fuß 1³/₄ Std. Vom Berggasthof Hochmut (Seilbahn ab Dorf Tirol) auf dem streckenweise gesicherten Hans-Frieden-Weg 1¹/₄ Std.*

INFORMATION: *Tourismusbüro I-39022 Algund. Tel. 0473/448600, Fax 0473/448917, E-Mail: info@algund.com, Internet: www.algund.com.*

Prähistorisch geprägter Schalenstein am Pfitschersattel.

32 Lodnerhütte 2262 m

Lodnerhütte

(ital. Rifugio Cima Fiammante), 2262 m. Naturpark Texelgruppe. Im obersten Zieltal auf einem Geländessporn über der Mündung des Lafaisbachs in den Zielbach; kleine Kapelle. CAI-Sektion Meran. Tel. 0473/967367, Tel. Tal 0473/967595. Bewirtschaftet letzte Juniwoche bis Ende September. Von Partschins (Gasthaus Birkenwald) 3 Std., von der Leiteralm 5 Std., vom Vorderkaser/Pfossental 5 Std; teilweise gesichert, Steinschlaggefahr.

Die Texelgruppe, Naturpark seit 15. März 1976 auf einer Fläche von 33430 Hektar, bildet geologisch ein Teilstück der Zentralalpen, geografisch eine Untergruppe der Ötztaler Alpen, verbunden durch die Nahtstelle Eisjöchl (Wanderung 33), ist ansonsten aber deutlich distanziert in Form des Schnals-, Pfossen- und Pfeldererertals. Es handelt sich um den einzigen, vollkommen auf Südtiroler Boden stehenden vergletscherten Bergraum. Für den Namen Texel plädierte der österreichische Alleingänger und Hochschullehrer Dr. Eugen Guido Lammer (1863–1945), als er 1901 erklärte, man habe sich daran »gewöhnt«, das Gebiet Texelgruppe zu nennen.

Das Zieltal, der Standort der Lodnerhütte, gliedert die Texelgruppe in einen östlichen und einen westlichen Teil; Letzterer ist stärker vergletschert und trägt den höchsten Gipfel, das Roteck (3337 m).

Am 21. September 1891 erfolgte die Einweihung der unbewirtschafteten Lodnerhütte durch die 21 Jahre vorher gegründete DOeAV-Sektion Meran. Ihr neu gewählter Präsident Dr. Theodor Christomannos (siehe auch Tour 21), in Wien geborener Sohn griechischer Eltern, registrierte stolz den Steinbau, der rund 50 Personen ein Nachtlager gewährte; dazu kamen ein Raum mit Kochherd und ein Gedränkedepot im kleinen Keller. Die Baukosten inklusive Einrichtung betrugen 1600 Gulden. Grund und Boden schenkte die Gemeinde Partschins.

Höhenroute vom Hochganghaus

Den gewöhnlichen Hüttenzugang aus dem Vinschgau, von Partschins über den Berggasthof Nassereith – kurze gesicherte Passagen –, empfinden wir als Pflicht, um die Hütte zu erreichen. Die Kür indes liefert der Meraner Höhenweg und seine anspruchsvolle alpine Variante, der 1949 ausgebaute, nach einem Mitbegründer des Südtiroler Alpenvereins benannte Franz-Huber-Steig ab dem Hochganghaus.

Zugabe: Höher als alle anderen: 3337 m

Nicht die Texelspitze (3318 m), die der Gruppe ihren Namen gab, ist Kulminationspunkt, sondern das Roteck westlich des Schutzhauses. Infolge der zurückversetzten Position ist nur ein Vorgipfel zu sehen, links hinter der Schafschneide. Vor mehr als 100 Jahren hieß das Roteck noch Zehnerspitze und diente den Pfossentalern als »Uhrzeiger«. Die verbürgte Erstbesteigung unternahm am 24. Juli 1872 der seinerzeitige Vorstand der Alpenvereinssektion Frankfurt/Main, Dr. Theodor Petersen. Er brach im Geleit des Schmiedes von Katharinaberg, Rochaus Raffeiner, und des Hirten Ildefons Kobler um 5.00 Uhr morgens von der Mairlalm über dem vorderen Schnalstal auf, gewann das Gingljoch und visierte danach die Texelscharte an. Von dort kletterten sie zum Gipfel und häuften »eine mächtige Steinpyramide«, vermerkte Lammer.

Die heutigen Besteiger halten sich an die Route des Wiener Draufgängers Robert Hans Schmitt und seines Partners Theodor Christomannos am Ostgrat, den Abstiegsverlauf der Seilschaft. Sie beging 1890 nach ihrer Überschreitung Texelspitze-Roteck den gesamten Ostgrat, während der Normalanstieg ab Lodnerhütte nur dessen oberen Teil in Anspruch nimmt. Vor einem Jahrhundert hatte die AV-Sektion im Aufschwung aus der Gipfelscharte fixe Sicherungen installiert, was wir noch immer zu würdigen wissen. Doch früher als erwartet erfordert der plattige, mit hellgrünen Flechten gepunktete Urgesteinfels vor der Scharte die Zuhilfenahme der Hände. Deshalb wäre es falsch, die Tour als »leicht« abzutun. Immerhin bewegt man sich längere Zeit auf über 3000 Metern! Ab der Hütte 3½ Stunden. Das Personal zeigt Ihnen gerne den Routenverlauf. Seine rotweißen Farbkleckse sind nicht zu verfehlen.

Touristik

AUSGANGSORT: *Vellau (966 m). Fremdenverkehrsplatz nordwestlich von Meran, oberhalb (7 km) von Algund, Busverbindungen. Sessellift von Algund-Mitterplars, Talstation des Korblifts zur Leiteralm (8.00–12.00 Uhr, 13.00–17.00 Uhr; Sonn- und Feiertage bis 18.00 Uhr).*

AUSGANGSPUNKT: *Leiteralm (1522 m), Berggasthof oberhalb von Vellau. Von dort Korblift; zu Fuß (Mark. 25) $1\,^{3}/_{4}$ Std. Vom Berggasthof Hochmut (Seilbahn vom Dorf Tirol) auf dem streckenweise luftigen und gesicherten Hans-Frieden-Weg $1\,^{1}/_{4}$ Std.*

INFORMATION: *Tourismusbüro I-39022 Algund. Tel. 0473/44 86 00, Fax 0473/44 89 17, E-Mail: info@algund.com, Internet: www.algund.com.*

Basis ist die Leiteralm (1522 m). Ein Wegweiser und Markierung 24 erklären den Aufstieg. An der Gabelung auf dem oberen, steinigen Weg in zehn Minuten zu einem Wetterkreuz. Nach einer Weile über eine kleine, von zwei Holzhüttchen bestandene Lichtung. Vorbei am Felsklotz des Gampbichls, wo eine Urzeitstätte vermutet wird. Ruinenreste passierend in den Murentobel des Töllgrabens und zum Hochganghaus (1839 m), das auch für Wanderung 31 von Bedeutung ist. Von der Leiteralm $1\,^{1}/_{4}$ Stunden.

Weiter in westliche Richtung auf dem 1985 der Öffentlichkeit übergebenen Meraner Höhenweg über insgesamt rund 120 Kilometer um die gesamte Texelgruppe. Aber nach zehn Minuten entscheiden wir uns an der Gabelung rechts für den Franz-Huber-Steig.

Mit Markierung 7B durch die Alpenrosenhänge oberhalb der Goidner Alm zum Gandberg-Südrücken. Dahinter empfängt uns eine Mulde in den Tschigat-Südflanken. Aus dieser Mulde geht es an den Gipfelstock der Sattelspitze (auf manchen Karten: Tablanderspitze). Jetzt wird es ernst! Auf einem drahtseilgesicherten Bändchen über eine Wandstufe. Auch in der folgenden Schlucht ist die Route durch ein Drahtseil gesichert. Letzte Schlüsselstelle wird eine etwa zehn Meter hohe, durch Graswuchs unterbrochene Platte: an Eisenklammern abwärts. Der Pfad quert die Hänge über dem Zielbach und endet bei der 1986 letztmals umgebauten Lodnerhütte (2259 m).

Hüttenweg-Stenogramm

ANFORDERUNGEN: *Trittsicherheit und Schwindelfreiheit unumgänglich. Umfangreiche Altschneereste können das vorzeitige Aus für die Tour bedeuten. Kein Schatten.*

MARKIERUNGEN: *Wegweiser, rot-weiße Farbzeichen.*

GEHZEITEN: *Hinweg 5 Std., Rückweg 4 Std.*

STEIGUNGEN: *Hinweg 850 m, Rückweg 150 m.*

EINKEHR UNTERWEGS: *Hochganghaus (auch Übernachtung).*

KARTE: *Freytag & Berndt 1:50 000, Blatt S1.*

Gegenüberliegende Seite: Die Lodnerhütte.

»Hausberg« der Lodnerhütte: Roteck. Die Anstiegsroute ist streckenweise gesichert.

33 Stettiner Hütte 2875 m

Stettiner Hütte

(ital. Rifugio Petrarca all'Altissima), auch Eisjöchlhütte, 2875 m. Nordöstlich etwas unterhalb des Eisjöchls zwischen Ötztaler Hauptkamm und Texelgruppe. CAI-Sektion Meran. Tel. 0473/646789, Tel. Tal 0473/643630. 80 Betten, 20 Matratzenlager. Bewirtschaftet Anfang Juni bis Anfang Oktober, vom Vorderkaser 4 Std., von Pfelders 3 Std.

Die Vita des Schutzhauses beim Eisjöchl – deshalb auch der Name Eisjöchlhütte – ist lang und war öfter heftigen Turbulenzen ausgesetzt. Den ersten Stützpunkt schuf die 1886 gegründete DOeAV-Sektion Stettin zwischen 1895 und 1897. Nach dem Ersten Weltkrieg folgte die Enteignung und Übergabe an den Club Alpino Italiano. Im Jahr 1931 Zerstörung durch einen Lawinenabgang. Lange Zeit geschlossen. Im Jahr 1972 dann der Neubeginn: Das Militär spendierte eine Mannschaftsbaracke und stellte sie auf, um mehr Schlafplätze zu schaffen. 1986 fasste die CAI-Sektion Meran den Neubau ins Auge. Dieser stand 1990 und wurde bereits 1995 erweitert. Freundliche Bewirtschafter sind Christa und Andreas Schwarz aus Moos im Passaiertal.

Zur heutigen Popularität der Hütte hat zweifellos der 1985 eröffnete Meraner Höhenweg beigetragen, eine sechstägige Rundwanderung um den Naturpark Texelgruppe, auf der man gewöhnlich in der Hütte nächtigt. Aber auch die unmittelbaren Zugänge aus den Tälern sind beliebt, der aus dem Pfelderer Tal im Nordosten und der aus dem westlich gelegenen Pfossental. Nördlich ragt die Hohe Wilde (3480 m) auf, ein wohl bekannter und lohnender Gipfel im Hauptkamm der Ötztaler Alpen.

Seitdem Pfelders in den 80er-Jahren einen tief greifenden Wandel zum Wintersport mit allen Konsequenzen vollzogen hat, sind für mich Ortschaft und Tal reizlos geworden, trotz meiner früheren Lieblingsjausenstation Lazins. Reizvoll geblieben ist hingegen das Pfossental, ein Seitental des Schnalstals. Im Pfossental vollzog sich vor etwas mehr als 100 Jahren ein Exodus. Die Bauern von Mitterkaser, Rableit und Eishof verließen der Not gehorchend ihre Anwesen. Sie sind seitdem nur mehr im Sommer bewohnt, eingerichtet als Jausenstationen und Gasthöfe.

Aus dem Pfossental zum Eisjöchl

Frühaufsteher sind gefragt, sonst sucht man vergebens einen Parkplatz beim Vorderkaser. Der gute Ruf des Pfossentals als Wanderparadies zieht an schönen Tagen wie ein Magnet an.

Vom Vorderkaser (1693 m) folgen wir dem Almgüterfahrweg parallel zum Pfossenbach taleinwärts. Linker Hand begleitet uns der Schnalskamm der Ötztaler Alpen, dessen berühmte Gipfel – Similaun, Marzellspitze, Hintere Schwärze – als solche aber nicht erkennbar sind; rechts erhebt sich die Texelgruppe.

Wo das Tal einen Rechtsknick beschreibt, empfängt uns der Mitterkaser (1954 m). Des Kasers

Weg aus dem Pfossental zur Stettiner Hütte. Von rechts: Schrottner, Hohe Weiße, Grafspitzen, Schnalsberg.

selbst geräucherter Speck zählt zum Schmackhaftesten weit und breit!

Knapp 30 Minuten östlich öffnet RABLEIT (2004 m) seine Tür. Zum Anwesen gehörten im Jahr 1821 »48 Rinder, 600 Schafe und zahlreiches Gesinde«, weiß Dr. Josef Rampold; es wurde im Jahr 1876 aufgegeben. Rableit erfuhr 1987 ein Wiedererwachen als Einkehr und Wanderherberge.

Touristik

AUSGANGSPUNKT: *Vorderkaser (1693 m). Malerischer Bergbauernhof und Gasthaus Jägerrast im Pfossental am Ende der asphaltierten Straße (5 km) aus dem Schnalstal; Abzweigung 9 km von der Vinschgauer Staatsstraße 38, gebührenpflichtiger Parkplatz (inklusive Verzehrbon).*
INFORMATION: *Tourismusbüro I-39020 Schnals. Tel. 0473/679148, Fax 0473/679177, E-Mail: schnals@suedtirol.com, Internet: www.suedtirol.com/schnals.*

Zugabe: Hinter der Hütte die Hohe Wilde

Die Schwachstellen der Hohen Wilde, des höhenmäßig dominierenden Grenzbergs (3480 m) zwischen Hinterer Schwärze und Timmelsjoch, offenbart seine Südseite. Sie macht den Berg bei idealen Voraussetzungen auch für erfahrene Hochgebirgswanderer erschwinglich, ohne Zeitdruck, wenn in der Stettiner Hütte geschlafen wird. Von dort erscheint die Hohe Wilde weder hoch noch wild. Der Gipfel ist nicht zu sehen.

Den ersten Steinmann auf dem Südgipfel schichtete 1858 anlässlich der militärischen Landesvermessung ein österreichischer Geometer namens Ganahl. Der Ostschweizer Johann Jakob Weilenmann aus St. Gallen, von dem Gefährten behaupteten, es käme ihm »niemand als die Gemse an Kühnheit des Bergsteigens zuvor«, erklomm die Hohe Wilde 1862 allein als erster Tourist. Hans Grützmacher, Mitglied der seinerzeitigen AV-Sektion Stettin, spendete Geld zum Bau des nach ihm benannten Normalsteigs, woran eine Marmortafel erinnert. Aufstiegszeit etwa 2½ Stunden; stellenweise Schwierigkeitsgrad I, kurze Gletscherberührung. Wegen der Verhältnisse vorher anrufen!

Von der Hütte nordwärts Pfadspuren folgend im Geröll und den Farbzeichen am bräunlich rötlichen Fels zum Seitengrat des Südgrats. Nun rechts haltend die Südostflanke des Seitengrats queren, über oftmals schneebedeckte Bänder empor zur vergletscherten Schulter (3350 m) im Grat, der vom Hochwildejoch zum Gipfel zieht. Ab der Hütte knapp zwei Stunden.

Anschließend gut fünf Minuten auf dem Langtalferner, dann links haltend über ein Firnsteilstück, das bei Vereisung sehr unangenehm ist, zu den Blöcken des Gipfelgrats und zum Kreuz.

Übergang vom Eisjöchl zur alten Stettiner Hütte.

Vom EISHOF (2071 m), zu dem es noch 20 Minuten sind, hörte man bereits im frühen Mittelalter. Bis zur Aufgabe 1897 war es die höchstgelegene ostalpine Dauersiedlung. Hier soll jene Person gelebt haben, die als Einzige des Tals von der Pest im Jahr 1636 verschont blieb. Gehöft und Berggasthof, nach dem Brand von 1973 instand gesetzt, stehen auf dem flachen Boden des hinteren Pfossentals. Gibt es ein einladenderes Brotzeitplatzerl? Den Talschluss bildet ein Dreitausenderspalier der Texelgruppe. Ganz rechts die spitze, schroffe Trübwand. Links davon Schrottner, Hohe Weiße, Schnalsberg sowie andeutungsweise das Eisjöchl, unser Ziel.

Weiter talein. Nach 15 Minuten vertrauen wir uns dem ehemaligen Militärfahrweg an und gewinnen in langen Schleifen ohne Anstrengung an Höhe. Etwa 1½ Stunden nach dem Eishof erreicht man die Rechtsabzweigung der Markierung 8 über die Johannesscharte zur Lodnerhütte (Wanderung 32). Sie bleibt unbeachtet. Kurz unter dem Scheitelpunkt – eingestürzter Tunnel – des Wegs bekundet eine Tafel, dass ihn 1927 die Alpini Brigade Edolo angelegt hat. Die Verhältnisse, das heißt Trasse und Markierungen, waren aber nicht immer in solch tadellosem Zustand.

Vom EISJÖCHL (2895 m), dem höchsten Punkt des gesamten Meraner Höhenwegs, wo es bis in den Sommer hinein Firnreste gibt, sieht man erstmals die STETTINER HÜTTE (2875 m), gut fünf Minuten entfernt.

Hüttenweg-Stenogramm

ANFORDERUNGEN: *Unschwierige Wanderung, kein Schatten.*
MARKIERUNGEN: *Wegweiser, rot-weiße Farbzeichen.*
GEHZEITEN: *Aufstieg 4 Std., Abstieg 3 Std.*
STEIGUNG: *1200 m.*
EINKEHR UNTERWEGS: *Mitterkaser, Rableit, Eishof (auch Übernachtungsmöglichkeiten).*
KARTE: *Tabacco 1:25 000, Blatt 04.*

34 Similaunhütte 3019 m

Similaunhütte

Privat. Schnalskamm der Ötztaler Alpen an der Grenze Italien–Österreich. Tel. 04 73/66 97 11, Tel. Tal (Österreich) 0 52 54/81 19. Bewirtschaftet Mitte März bis Mitte Mai und Mitte Juni bis Mitte Oktober. 40 Betten, 40 Matratzenlager. Vom Martin-Busch-Haus 2 Std., vom Hochjochhospiz 4 Std.

Als wir vom Martin-Busch-Haus über den Marzellferner zur Similaunnordwand in matschigem Firn stapften, wallte über die Flanke ein grellweißer Firnmantel, und wir konnten in der Nordwand bis unter den Gipfel ohne Steigeisen gehen (mittlerweile stark ausgeapert). Die Similaunhütte bot beim Abstieg weder Rast noch Einkehr: »Alpini« lagen grimmig schauend hinter Sandsäcken an Maschinengewehren – avanti! Es waren die unruhigen, zeitweise blutigen »Fünfziger« des 20. Jahrhunderts, als die Südtiroler mit allen Mittel versuchten, die ihnen versprochene Autonomie zu erhalten. Weil viele ihrer Sympathisanten und Kampfgefährten aus Nordtirol bzw. Österreich infiltrierten, postierte der italienische Staat an zahlreichen Übergängen bewaffnete Militärposten, die »Alpini« bzw. Gebirgsjäger.

Touristik

AUSGANGSORT: *Vernagt (1700 m). Urlaubsort am gleichnamigen Stausee im Schnalstal, das westlich von Naturns zu Füßen der Reinhold-Messner-Burg Juval in den Vinschgau mündet. Von der Vinschgauer Staatsstraße 16 km, von Meran 30 km (nächster Bahnhof), gute Busverbindungen.*
Parkplatz am Ortseingang häufig belegt.
INFORMATION: *Tourismusbüro I-39020 Schnals. Tel. 04 73/67 91 48, Fax 04 73/67 91 77, E-Mail: schnals@suedtirol.com, Internet: www.sudtirol.com.schnals.*

Das ist alles Vergangenheit! Die stets privat gebliebene Similaunhütte erlangte wieder ihre ursprüngliche Funktion, geziemend den Wünschen ihres Finanziers von 1893, dem Kurzhofbauer und Gastwirt Serafin Gurschler aus Kurzras. Er gedachte wie auch bei der Schöne-Aussicht-Hütte, den Tourismus ins Schnalstal zu holen. Der plätscherte auf den eisigen Höhen des 1976 deklarierten Naturparks Texelgruppe bis zum denkwürdigen 19. September 1991 mehr schlecht als recht dahin. Dann fanden Erika und Helmut Simon aus Nürnberg zufällig rund 1000 Meter von der Hütte entfernt am Tisenjöchl die Reste eines Steinzeitmenschen, der dort vor rund 5300 Jahren ums Leben kam: »Ötzi«, so der leider gängige, dumme Name für den Gletschermann, oder auch »Schnalsi«. Der kleingewachsene Urzeitjäger wurde zum Politikum, sei aber laut jüngster Erkenntnisse ein »Südtiroler«, weil die Fundstelle 92,5 Meter jenseits der nach dem Ersten Weltkrieg 1919 festgelegten österreichischen Grenze auf italienischem Territorium liegt, also doch »Schnalsi« ... Jedenfalls bildet seine Mumie die Attraktion des Südtiroler Archäologiemuseums im Herzen Bozens. Attraktion auf der Höhe ist die Similaunhütte geblieben, sozusagen ein »Dreitausender« als Begehrlichkeit. 1992/93 veranlassten die Eigentümer einen grundlegenden Umbau, besser gesagt Neubau: Die untere Hälfte ist natursteingemauert, die obere Hälfte dagegen holzverschindelt, Solarstrom, Holz, Kohle und Dieselöl bilden zusammen den Energiecocktail.

Falls Interesse besteht und das Können vorhanden ist, geht es noch fast 600 Meter höher auf den 3597 Meter hohen Similaun, einen der Hochgipfel mit dem größten Zulauf im Ötztaler Hauptkamm.

Aus dem Schnalstal

Das alte Vernagt mit seinen acht stattlichen Bauernhöfen musste dem zwischen 1956 und 1962 entstandenen Stausee weichen, die Familien wurden nur dürftig abgefunden. Auch die Kirche St. Johann ging in den Fluten unter. Der Vernagtstausee speichert von Frühjahr bis Herbst 42 Millionen Kubikmeter Wasser, das dann nach Bedarf durch eine 15 Kilometer lange, im Berg verlegte Druckrohrleitung zum Etschtalwerk in Naturns-Kompatsch gelangt. Das neue VERNAGT am Ostufer prägt die moderne Zeit: Hotels, Gasthöfe, Pensionen.

Wir orientieren uns am HAUS ENZIAN bzw. verlassen dort die Talstraße (Wegweiser). Auf breitem Weg durch den Hang in 15 Minuten zur JAUSENSTATION TISENHOF (1814 m). Würde man jetzt an der Gabe-

Die Similaunhütte, ein wichtiger Stützpunkt der Ötztaler Alpen.

Zugabe: Darf es der Similaun (3597 m) sein?

Gehen Sie wegen der Spalten auf dem oberen Niederjochferner immer am Seil mit Steigeisen und Pickel. Nur so ist bei ausreichender Übung die Sicherheit gewährleistet!

Am besten rufen Sie vorher Markus Pirpamer, den Venter Hüttenwirt an, und fragen ihn nach den Verhältnissen, besonders am stellenweise exponierten Übergang vom Kleinen Similaun am Westgrat. Er macht bei Vereisung keine reine Freude. Indes sind im Firn fast immer ausgetretene Spuren vorhanden; zur besseren Orientierung tragen hier und dort Steinmänner bei. Und die Aussicht nach Süden ist kaum zu überbieten! Hütte–Gipfel: 2 bis 2½ Stunden.

Das Ziel vieler Träume: der Similaungipfel.

Hüttenweg-Stenogramm

ANFORDERUNGEN: *Unschwierig, jedoch enormer Höhenunterschied. Im Sommer wegen der Hitze früher Aufbruch ratsam. Gepäcktransport möglich.*
MARKIERUNGEN: *Rotweiße Farbzeichen, Wegweiser.*
GEHZEITEN: *Aufstieg $3^1/_2$ Std., Abstieg $2^1/_2$ Std.*
STEIGUNG: *1320 m.*
EINKEHR UNTERWEGS: *Tisenhof.*
KARTE: *Tabacco 1:25 000, Blatt 04.*

lung links Markierung 9 folgen, käme man auf reizvollem Weg über den spätestens im 16. Jahrhundert gegründeten Rafeinhof in $^3/_4$ Stunden zu dem sagenumwobenen »Finail«, bis 1967 höchtgelegener Kornhof Europas, als der Vernagtstausee eine negative Klimaveränderung auslöste.

Die Similaunhüttentour hingegen zieht an der Westseite des malerischen Bauernhofs geradeaus mit Markierung 2 in das zunehmend steiler und karger werdende Tisental, am orografisch linken Ufer des Leiterbachs. Etwa $2^1/_4$ Stunden. Im obersten Talgrund, wo sich halblinks die von hier betrachtet unscheinbare Finailspitze zeigt, wendet sich die Route rechts nach Nordosten und führt kehrenreich durch Geröll und über Felsen ins NIEDERJOCH (3016 m). Von dort zur herbeigesehnten SIMILAUNHÜTTE (3019 m).

Über das Niederjoch kehren im Herbst die Vinschgauer Schafe von der Sommerweide im Ötztal nach Hause (siehe auch Wanderung 35). Es sind jedes Mal etwa 200 Tiere, wie der Weiderechtsvertrag aus dem Jahr 1415 verbürgt.

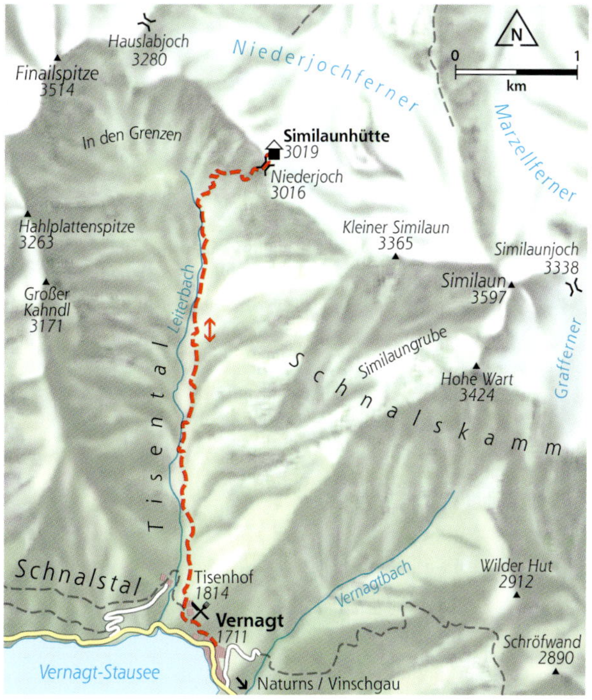

35 Schöne Aussicht 2842 m

Die letzten Meter aus dem Schnalstal zum Berggasthaus »Schöne Aussicht«.

Zugabe: Ein Dreitausender für Jedermann

Nahe der Stelle, an der die Grenze nordwestlich des Hochjochs einen Knick beschreibt, entragt zwischen Hintereis- und Latschferner spornartig ein plattiges, schwach kuppengewölbtes Felseiland, auf drei Seiten vom Eis umspült: Im Hinteren Eis, mit 3269 Metern gut 300 Meter höher als Deutschlands höchster Gipfel, die Zugspitze, erreichbar ab der Hütte in 1½ Stunden.

An der Westseite der »SCHÖNEN AUSSICHT« übernimmt uns der deutliche Steig, markiert durch rotweiße Farbkleckse und Steinmänner in sichtbaren Abständen. Nordwestwärts. Nach etwa einer Stunde, südwestlich des Latschferners – der Gipfel ist zu sehen – steigen wir halbrechts zur Kammhöhe. Auf ihr rechts, gewöhnlich im Firn, flach zum Steinmann auf dem HINTEREN EIS. Die »Schöne Aussicht« ist hier wesentlich ausgiebiger als unten beim Berggasthof. Das Weißkammpanorama gehört zum Feinsten. Die Weißkugel hat von hier betrachtet Ähnlichkeit mit dem Piz Bernina von Westen. Rechts davon die Langtauferer Spitze. Im Norden die gigantische Gletscherschüssel des wuchtigen Fluchtkogels. Genießen wir offenen Herzens den stillen Silberglanz dieser unberührten Gefilde! Den viel zitierten bitteren Tropfen im Becher schlucken wir noch früh genug beim Rückweg bzw. Abstieg, angesichts des Liftewirrwarrs drüben auf dem Hochjochferner.

Berggasthaus Schöne Aussicht

Privat. Beim Hochjoch der Ötztaler Alpen unweit der italienisch-österreichischen Grenze. Tel. 0473/622140 oder 0338/2032966, Tel. Tal 0473/679130, Fax 679115. Bewirtschaftet Mitte Dezember bis Anfang Mai und letzte Juniwoche bis Anfang Oktober. 42 Betten, 20 Matratzenlager, 10 Notlager. Von Kurzras 2¼ Std., von der Bergstation der Grawandseilbahn 1½ Std., von Vent/Ötztal 4 Std.

Kurzras am Ende des Schnalstals löst bei der Ankunft keinerlei naturverbundene Euphorie aus: Die Parkplätze sind fast so groß wie Fluglandebahnen, die Autos reihen sich Blech an Blech, die Architektur ist modern (und doch weniger grauenvoll als kritiklos gepriesene Skistationen in den italienischen und französischen Alpen). Irgendwie fühlt man sich deplaziert unter den Scharen schreiend bunt gekleideter »Wintersportler« zur Sommerzeit. Die Gondeln bringen pro Stunde 870 Sonnenanbeter und Skiläufer zu den 40 Hektar Pisten des Hochjochferners. Der alte Kurzhof in seiner elementar-wohnlichen Bauweise wirkt hoffnungslos verloren im Geflecht des neuen Kurzras. Das Wohnhaus der tatkräftigen Gurschler-Dynastie birgt eine Filiale der Raiffeisenkasse, gewissermaßen symptomatisch für den Aufstieg des Leo Gurschler und für seinen unendlich tiefen Sturz. Durch die Jagdgewehrkugel, die sich Leo Gurschler an Allerheiligen 1983 in denn Kopf schoss, erlosch die finanzielle Haftung seiner Familie am aufgetürmten Schuldenberg, aber auch das Imperium des größten Grundbesitzers in Südtirol. Der Kurzhofbauer flog in guten Zeiten oftmals per eigenem Hubschrauber zum Nachmittagskaffee nach Venedig. Den Leo mochten alle im Schnalstal, weil er Verdienstmöglichkeiten geschaffen hatte durch die Gründung der Schnalstaler Gletscherbahn AG, das Hotel Grawand in 3212 Meter Höhe und andere Geld bringende Aktivitäten. Sein Schwarzweiß-Sterbebildchen hängt noch in manchem Barraum. Es heißt, dass im gesamten Tal kein Bergbauernhof seine Existenz verloren hatte, sei den Arbeitsbeschaffungsmethoden Gurschlers zu verdanken gewesen. Aber irgendwann schienen den Leo lombardische Banker über den Tisch gezogen zu haben ... Sein Urgroßvater, Landwirt und Gastronom Serafin Gurschler, hatte vor 1900 ebenfalls unkonventionelle Aktivitäten entwickelt, um den Fremdenverkehr in das Schnalstal zu locken. Das Konzept des Alten, die Similaunhütte und die Schöne-Aussicht-Hütte, war aufgegangen!

Touristik

AUSGANGSORT: *Kurzras (2011 m). Hotelsiedlung im hintersten Schnalstal, 24 km von der Vinschgauer Staatsstraße 28. Talstation der Seilbahn auf die Grawand. Busverbindungen. Parkplätze.*
INFORMATION: *Tourismusbüro I-39020 Schnals. Tel. 0473/679148, Fax 0473/679177, E-Mail: schnals@suedtirol.com, Internet: www.suedtirol.com.schnals.*

Die »Schöne Aussicht« steht etwa 800 Meter südlich der italienisch-österreichischen Grenze im Hochjoch, über das nur ein Saumpfad von Vent im Ötztal führte, angelegt durch die Initiative des Venter

»Gletscherpfarrers« Franz Senn (1831–1884). Wegmacher ebneten dann in mühevoller Knochenarbeit den Anstieg aus dem Schnalstal. Nach dem Leo-Gurschler-Bankrott kam »Bella Vista« zunächst an ein 20-köpfiges-Konsortium. Seit der Jahrtausendwende ist Paul Grüner der Besitzer; ihm gehört auch das Gasthaus Goldene Rose in Karthaus.

Alljährlich erfolgt über das Hochjoch Ende Juni der spektakuläre Auftrieb von rund 2000 Schafen durch acht bis zehn Hirten zu den Ötztaler Weidegründen. Mitte September kehren die Tiere zurück. Für die Bauern und Feriengäste wird dies stets ein großes Ereignis, denn der Weg ist lang, gefahrvoll und beschwerlich. Anlass für den aufwendigsten Viehtrieb der Alpen bildet ein altes Weiderecht. Es stammt aus dem Jahr 1412. In einer Urkunde von 1750 ist die Verleihung der Nutzungsrechte am Rofenberg im Ötztal an elf Vinschgauer Bauern durch das »Landesfürstliche Kellerambt zu Tyroll bei Meran« verbrieft. In Kurzras und Vernagt erfolgt die »Schoofschoad«, das Aussortieren der Tiere nach Farben und Kennzeichen und das Zuweisen an den jeweiligen Besitzer. Die gute Rückkehr wird bei Schnalser »Schöpsernem« (Hammelgulasch) gefeiert.

Serafin Gurschlers Weg

In KURZRAS (2011 m) auf der Rückseite des Hotelkomplexes nördlich Markierung 3 auf der orografisch rechten Seite des Talschlusses geht es zunächst durch lockere Waldzonen, danach über freie Hänge. Bereits

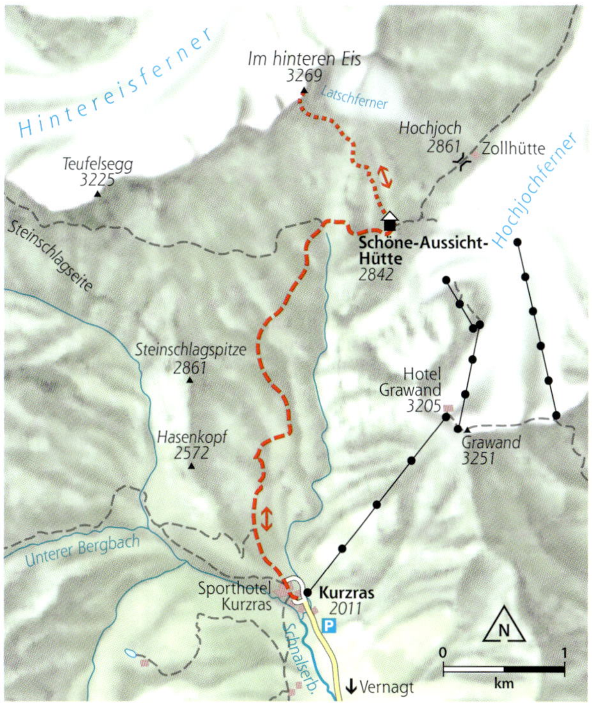

hier hat sich der Rummel verloren, sind die Massen vergessen.

Links droht der morsche Felskamm Hasenkofel–Steinschlagspitze, rechts die finstere Mauer der Grauen Wand. Vor den Aufschwüngen des Weißkamms geht es rechts haltend zum BERGGASTHAUS SCHÖNE AUSSICHT (2842 m).

Hüttenweg-Stenogramm

ANFORDERUNGEN: *Unschwierig.*
MARKIERUNGEN: *Wegweiser, rotweiße Farbzeichen.*
GEHZEITEN: *Aufstieg 2 1/4 Std., Abstieg 1 1/2 Std.*
STEIGUNG: *850 m.*
KARTE: *Tabacco 1:25 000, Blatt 04.*

Das Schnalstal bietet eine reiche Auswahl lohnender Wandermöglichkeiten.

36 Zufallhütte – Marteller Hütte

Zufallhütte

(ital. Rifugio Nino Corsi), 2265 m. Ortleralpen bzw. Nationalpark Stilfser Joch. Im obersten Martelltal. CAI-Sektion Mailand. Tel. + Fax 0473/744785, Tel. Tal Mobil 0473/0335/6306603. Bewirtschaftet Anfang März bis Ende Oktober. 60 Betten, 40 Matratzenlager, 6 Notlager. Von der Enzianhütte 40 Min.

Zufall ist in diesem Falle kein Synonym für Glücksfall, sondern nimmt Bezug auf den nahebei in einer 30 Meter tiefen Felsenklamm donnernden Wasserfall der Plima. Doch dürfen wir es als Glücksfall einschätzen, dass die sächsische DOeAV-Dresden das bewirtschaftete Schutzhaus im so genannten Paradies am Cevedale am 23. August 1882 einweihte: Der Holzbau auf Steinsockel ist »innen vertäfelt, und enthält im Erdgeschoss Küche, Schlafzimmer für Herren mit 16 und für Damen mit 4 Matratzenlagern, unter dem Dach Heulager für 20 Personen und ein Zimmer mit 4 Betten«.

Aus dieser kleinen Hütte entstand der Komplex des Schutzhauses unsere Tage im Nationalpark Stilfser Joch. Bis Juli 2002 hatte die Familie Hafele vom Georgshof in Morter über drei Generationen bzw. 70 Jahre das Pachtrecht inne, abgelöst von Ullrich Müller, ebenfalls aus Morter, der schon auf der Hütte gearbeitet hat.

Während des Ersten Weltkriegs – das Martelltal bewährte sich als Nachschubbasis für die Ortlerfront – trieben Militäreinheiten einen Fahrweg bis hinauf zur Zufallhütte. Er bildete die Grundlage der öffentlichen Autostraße, die oberhalb des Zufrittstausees bei der Enzianhütte endet.

Um die Zufallhütte sind noch Mauerreste von Gebäuden des österreichischen Cevedale-Abschnittskommandos erhalten. Auf der Kuppe schwach südwestlich, dem »Klösterle«, habe sich früher ein Hospiz bzw. ein Nonnen- und Mönchskloster befunden, weiß eine Legende. Da jedoch die monastische Gemeinschaft das Keuschheitsgelübde unbekümmert gebrochen haben soll, sei die Zelle aufgehoben worden …

Westwärts lagert das Madritschtal hin zum Madritschjoch, aus dem rechts die Hintere Schöntaufspitze ansteigt, ein harmloser, unzählige Male erstiegener Dreitausender. Natürlich ist die Zufallhütte längst touristisches Allgemeingut und im August besonders stark frequentiert. Ich bin einmal völlig alleine dort gewesen, Anfang September 1987, nach der verheerenden, die Straßen brechenden Flutkatastrophe, von Gand marschierend, wie zu Pionierzeiten in 4½ Stunden. Die Wassermassen waren am 26. August vom Himmel geprasselt. Der Zufrittstausee konnte die Sturzfluten der Wildbäche nicht mehr fassen, der Damm drohte zu bersten. Deshalb wurde der Überlauf geöffnet …

Pater Beda Weber, der mitteilsame Südtirolschilderer aus dem Kloster Marienberg, sah 1838 im Martelltal »grauenvolle Bilder einer steilabschüssigen Alpennatur in enger Schlucht«. Das Luftlinie 24 Kilometer messende Vinschgauer Seitental, in dem nicht ganz 900 Menschen leben, vermittelt tatsächlich düstere Bilder. Umso mehr schätze ich die lichten Fluren um die Zufallhütte. Ihr Tourengebiet erfuhr eine Bereicherung – der zweite Glücksfall – durch die 1981 von der AVS-Sektion Untervinschgau gebaute Marteller Hütte. Sie erschloss die Eiswüsten im Schatten von Zufallspitze und Cevedale, von der Suldenspitze im Westen zur Veneziaspitze und zu den Rotspitzen im Osten. Noch mehr: Das Schutzhaus darf ohne Übertreibung als wirkungsvollste Aussichtsplattform in diesem Teil der Ortleralpen empfohlen werden.

Zwei auf einen Streich

Von den Parkplätzen bei der ENZIANHÜTTE (2051 m) führt das ehemalige Militärsträßchen durch lichten

Die Zufallhütte über dem hintersten Martelltal.

Blick von der Zufallhütte leicht nordwestwärts zum Madritschjoch; links davon Madritschspitze, rechts steigt die Hintere Schöntaufspitze an, ein unschwieriger Dreitausender (3325 m).

Wald, auf einem Talboden den Madritschbach überschreitend, in knapp 45 Minuten auf das Plateau der Zufallhütte (2265 m).

Wir folgen den Markierungen 150, 103 und schlendern links an der Gedächtniskapelle vorbei. An der Basis des Felsaufschwungs geht es rechts ins »Kanonenloch«, eine breite, geröllgefüllte Rinne. Oberhalb der Steilstufe sehen wir erstmals die Zufallspitze in ihrer ganzen Pracht. Die Horizonte erweitern sich. Links stürzt ein 82 Meter hoher Wasserfall über Felsen, genährt vom Hohen Ferner und vom Ultenmarkferner der Veneziaspitze. Den flachen Hochtalboden riegelt ein Damm aus gewichtigen Felsblöcken ab. Nach der Überschwemmungskatastrophe von 1889, der 27 Brücken und elf Häuser zum Opfer fielen, und dem ähnlichen Verhängnis im Jahr 1891, ließ das Land Tirol 1893 die Barriere errichten. Dadurch konnte zumindest der Gletscherseeausbruch im Jahr 1918 keine Schäden mehr anrichten. Doch der angesprochenen Katastrophe von 1989 – u.a. verloren 120 Menschen ihr Hab und Gut – hielt auch sie nicht stand.

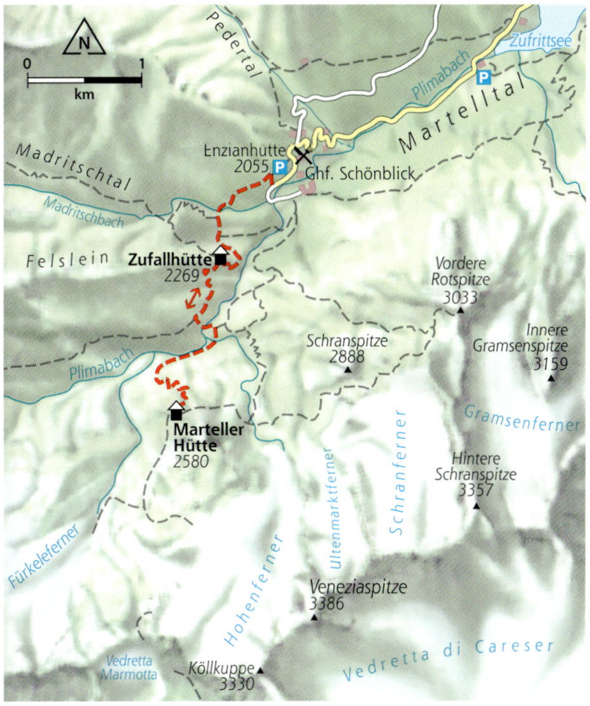

Hüttenweg-Stenogramm

ANFORDERUNGEN: *Unschwierig, kein Schatten.*

MARKIERUNGEN: *Wegweiser, rot-weiße Farbzeichen.*

GEHZEITEN: *Bis Zufallhütte etwa 40 Min. Von dort zur Marteller Hütte 1 Std. Abstieg von der Marteller Hütte etwa 1 Std.*

STEIGUNGEN: *Bis Zufallhütte 220 m, insgesamt 560 m.*

KARTE: *Mapgraphic 1:25 000, Blatt 4.*

36 Zufallhütte – Marteller Hütte

Marteller Hütte

Ortleralpen bzw. Nationalpark Stilfser Joch. Südlich der Zufallhütte. Seit 1988 Solarenergie. AVS-Sektion Untervinschgau. Tel. 0473/744790, Tel. Tal 0473/747012. Bewirtschaftet Anfang März bis Anfang Mai sowie Juli bis Anfang Oktober. 28 Betten, 19 Matratzenlager, 20 Notlager. Winterraum (10 Lager) offen. Von der Zufallhütte knapp 1¹/₄ Std.

Die Zufallhütte; am rechten Bildrand der Zufrittstausee.

Wir laufen links auf der Dammkrone entsprechend Markierung 103 (geradeaus Nr. 150 zur Casatihütte, Gletscherbegehung) und sehen das Dach der Marteller Hütte. Mittels einer Eisenleiter auf den Talboden, der gequert wird. Taleinwärts, bis die Kehren des letzten Aufschwungs ansetzen. Auf halbem Weg lädt eine Bank zur Rast. Im Westen tritt die Königsspitze hervor; sie wirkt fremd, wenn man sie bislang nur von Sulden aus bestaunt hat, weist aus dieser Perspektive aber eine gewisse Ähnlichkeit mit dem Matterhorn von Osten auf.

Noch 15 Minuten, und wir sind an der Wendemarke MARTELLER HÜTTE (2580 m). Die Luft ist angereichert vom kühlen Atem der Gletscher: Fürkeleferner, Zufallferner, Langenferner. Wir hören das monotone kalte Rauschen der Bäche, unten im »Kachl«, aus dem in der Vergangenheit wiederholt die natürlich gestauten Elemente brachen, das Martelltal aufwühlten und gierig bei Morter in den Vinschgau einfielen. Wie hingebreitet erhebt sich westlich die dominierende, 3757 Meter hohe Zufallspitze, rechts im Kamm die Suldenspitze, hinter der die Casatihütte liegt. Südlich haben wir links des Hohenfernerjochs die Köllkuppe (3330 m), wie die benachbarten Gipfel ein gefragtes Frühjahrsskiziel, gewidmet dem Innsbrucker Lois Köll, Autor des ersten ausgereiften deutschsprachigen Ortlerführers und ein Vierteljahrhundert vor und nach dem Zweiten Weltkrieg Achtung genießender Skierschließer. Köll starb 1963 an den Folgen eines Verkehrsunfalls.

Der Hüttenwirt Helmuth Gamper, wohnhaft in Kastelbell, erklärt Ihnen gerne auch die restlichen Gipfel. Diese Landschaft ist einfach überwältigend, sie lässt alles Menschliche verschwindend klein werden.

Gegenüberliegende Seite: Über Zufall- und Fürkeleferner die weiße Pracht der in 3757 Meter gipfelnden Zufallspitzen.

Touristik

AUSGANGSPUNKT: *Enzianhütte (2051 m). Gasthaus am Ende der asphaltierten Straße im Martelltal, 27 km von Goldrain (Vinschgauer Staatsstraße), etliche Passagen steil und schmal, Parkplätze, Busse vom 1. Juli bis 30. September.*

INFORMATION: *Tourismusbüro I-39020 Martell. Tel. 0473/744598, Fax 0473/744698, E-Mail: martell@suedtirol.com, Internet: www.martell.suedtirol.com.*

Aufstieg im Hochtal des Plimabaches zur Marteller Hütte. Im Hintergrund die eisbeladenen Zufallspitzen.

37 Weißkugelhütte 2542 m

Die Weißkugelhütte.

Der Talschluss von Melag, die nach dem Ensemble des Wieshofs zweithöchste Dauersiedlung in Langtaufers, gehört zu den erhabensten Landschaftsbildern dieses Genres in Südtirol. Er liegt nur einen »Katzensprung« entfernt von dem wohl meistfotografierten Kirchturm Südtirols: dem der durch den Stausee verschwundenen Ortschaft Graun im Reschensee.

Bietet der Melager Talboden schon optische Vorfreuden, serviert die Weißkugelhütte geradezu fantastische Aussichten: hinreißende Gletscherbilder und gewaltige Eisgipfel einer Dreitausenderpremiere für Neuankömmlinge.

Die Erstbesteiger der Weißkugel, mit 3738 Metern dritthöchste Spitze Österreichs, waren nicht von Langtaufers, sondern im hintersten Schnalstal aufgebrochen, bei Kurzras, das damals im Jahr 1861 noch keine Straßenzufahrt besaß. Der Wiener Julius Anton Specht hatte die Ötztaler Bergführer Johann Raffeiner und Leander Klotz verpflichtet und die wiederum vertrauten auf Ortskenntnisse einheimischer Bauern. So gelangte die Gruppe über den Steinschlagferner und das Hintereisjoch auf die seit 1919 italienisch-österreichische Grenzlinie. Dieser so genannte Normalweg ist aber alles andere als eine herkömmliche Wanderung. Außerdem vermittelt er kaum etwas von dem grandiosen, westalpenähnlichen Szenario der Weißkugel in den südwestlichen Ötztaler Alpen. Die prächtigste Einstellung dafür ist die Weißkugelhütte im Banne ungeheurer Dreitausender-Firnschilder und scheinbar aus ihren Runsen überquellender Gletscherströme, deren eisigen Atem man zu spüren vermeint, hoch über wüsten, rötlich braunen Moränentrögen, welche die Talwinde zur Höhe schaukeln. Urwelt!

Wir können also auf den Gipfel verzichten. Es sei denn, Hochalpinisten haben den anspruchsvollen Weißkugel-Nordgrat im Sinn und sind mit Seil, Steigeisen, Eisschrauben, Karabiner etc. ausgerüstet.

Ein Vorschlag für Wanderer lautet: auf dem vor einem Jahrzehnt vom Autor kreierten und noch immer als Geheimtipp geltenden Weißkugel-Höhenweg zur Hütte. Anschließend individueller »Vorstoß« auf dem Richterweg in die glaziale Region oder gar bis zum Brandenburger Haus.

Die ehemalige DOeAV-Sektion Mark Brandenburg spielte auch in der Geschichte der Weißkugelhütte eine Rolle. Sie hatte den von der Sektion Düsseldorf geplanten, im Juli 1893 unter der Sektion Frankfurt vollendeten und mit 25 Schlafplätzen – davon etwa 18 unter dem Dach – ausgestatteten Stützpunkt 1911 erhalten, musste ihn aber 1925 als Folge des Ersten Weltkriegs an Italien abtreten. Die Holzhütte wurde im Jahr 1936 so erweitert, wie sich das Schutzhaus zeigt.

Hüttenweg-Stenogramm

ANFORDERUNGEN: *Unschwierig, Trittsicherheit ratsam, bei Nässe stellenweise unangenehm, ohne Schatten.*

MARKIERUNGEN: *Rotweiße Farbzeichen, Tafeln.*

GEHZEITEN: *Aufstieg 3 Std., Abstieg 2 Std.*

STEIGUNG: *630 m.*

EINKEHR UNTERWEGS: *Melageralm, 11 Betten, geöffnet Anfang April bis Ende Oktober.*

KARTE: *Freytag & Berndt 1:50 000, Blatt S2.*

Aus Langtaufers

Von der Kapelle in MELAG (1915 m) durch die Winkel des altersgezeichneten Hofs und an Holzzäunen entlang. Links zehn Minuten zu einem Wasserbunker. Kurz danach mit dem Skilift rechts in die Mulde einschwenken. Vor dem Betonsockel (Aufschrift »Weißjoch«) der Bergstation rechts. Gleich nach einem Flurkreuz teilen sich die Wege. Halblinks führt Markierung 1 über das Weißseejoch zum Gepatschhaus. Wir laufen geradeaus, vorerst noch von Markierung 3 geleitet zum Melagbach, der auf einem Steg über-

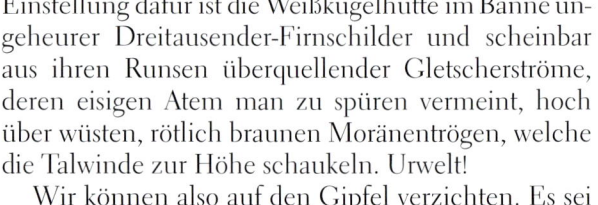

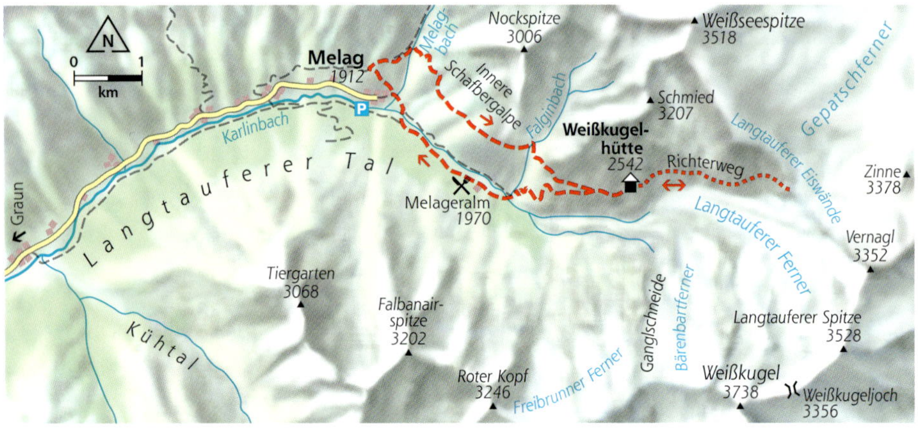

Zugabe: Ausflug Richterweg

Der im felsigen Gelände rot markierte RICHTERWEG – er weicht dem Langtauferer Gletscher links aus – nimmt über die Grenze und den Gepatschferner hinweg bis zum Brandenburger Haus $3^{1}/_{2}$ bis 4 Stunden in Anspruch. Die durch das Führerschrifttum geisternden »Sicherungen« sind nicht mehr angebracht (und nicht notwendig). Jeder Geübte kann sich beliebig weit an die Route wagen. Hüttenchef Christian Hohenegger klärt gerne über die vorherrschenden Verhältnisse auf; meist sind Steigeisen überflüssig. Dennoch sollten Sie Acht geben! Die Steilstufe zum Gepatschferner nennen die Einheimischen »Mühlhansen«, da weiland ein Langtauferer mit Hofnamen »Mühlhans« dort tödlich verunglückte! Andererseits war bereits 1799 der französische General Laudon mit 400 Soldaten durch Langtaufers und über den Gepatschferner ins Kaunertal marschiert.

schritten wird. Anschließend quert der Steig die Hänge schräg aufwärts. Auf einer Wiese verliert sich die Spur im Gras. Wir behalten die Höhe bei und setzen die Querung am Hang fort, zwischendurch von Pfadspuren bestätigt, zwei Bachläufe überschreitend.

Ungefähr eine Stunde nach Melag stößt man auf den deutlich erkennbaren Weg, der etliche Minuten hinter Melag den Talboden halblinks verlässt und mit 3a bezeichnet ist. Auf ihm 30 Minuten bergan. Dann öffnet sich das weltvergessene Falgintal, gerahmt von schroffen, teilweise über 3000 Meter hohen Gipfeln. Der leere Bildstock wird von einem Kreuz beschirmt. Die kleine INNERE SCHAFBERGHÜTTE (2340 m) träumt in Abgeschiedenheit. Man könnte hier stundenlang verweilen, im Gras liegen, den Stimmen des Windes lauschen, Wolkenhäuser bauen. Blendende Eisleiber rücken näher, verschwinden zwischendurch hinter grasigen Rücken, um jedes Mal erneut noch kräftiger das Auge zu erfreuen.

Der »Herdenweg« aus dem Tal und unsere Höhentrasse vereinen sich 30 Minuten nach der Schafberghütte auf der rechten Seitenmoräne. Hinter der nächsten Hangstufe taucht die WEISSKUGELHÜTTE auf. Bärenbartkogel, Weißkugel, Langtaufererspitze, Hochvernaglwand, Hintereisspitze und Vernaglwände bilden den sichtbaren Eisrahmen im Achtung gebietenden Halbrund.

Für den Abstieg nehmen Sie den gängigen Hüttenweg. Knapp 30 Minuten später, bei einem Kreuz, zeigt sich wieder Melag. Angenehm zu begehende Serpentinen bringen uns auf den Talboden und – 1½ Stunden nach der Weißkugelhütte – zu der 1985 neu errichteten MELAGERALM (1970 m), einer Jausenstation, wo an warmen Tagen im Freien kaum ein Platz frei ist. Am Schluss der Tour darf man die Holzbrücke rechts über den Karlinbach keineswegs übersehen, sonst geht es an MELAG vorbei.

Touristik

AUSGANGSORT: *Melag (1912 m). Weiler im hintersten Langtauferer Tal, Ortsteil von Graun (10,5 km); nordöstlich des Reschensees. Von Meran (nächster Bahnhof) 82 km, Busverbindungen, Gasthof, Parkplätze am Ortseingang.*

INFORMATION: *Tourismusbüro I-39020 Graun. Tel. 0473/634603, Fax 0473/6634713, E-Mail: reschen@rolmail.net, Internet: www.reschen.suedtirol.com.*

Weißkugelhütte

(ital. Rifugio Pio XI alla Pala Bianca), 2542 m. Weißkugelgruppe der südwestlichen Ötztaler Alpen. CAI-Sektion Desio/Mailand. Tel. 0473/633191, Tel. Tal 0473/633434. Bewirtschaftet Mitte März bis Ende Oktober. 44 Matratzenlager, 10 Notlager. Kürzester Zugang von Melag 2½ Std. Vom Brandenburger Haus 3 Std., von der Schöne-Aussicht-Hütte 4 Std., von der Rauhekopfhütte 4 Std., von der Oberetteshütte 6 Std.

Aussicht von der Weißkugelhütte zum Langtauferer Ferner. Links die Vernaglwände, darüber der Gepatschferner.

38 Furkelhütte 2153 m

Furkelhütte

Berggasthof nordwestlich von Trafoi im Nationalpark Stilfser Joch. Tel. 0473/611577, keine Übernachtung, Sessellift von Trafoi (Pension Dalliada), letzte Juniwoche bis Anfang Oktober 8.30–12.30 und 13.30–17,00 Uhr. Fußweg vom Hotel Madatsch/Trafoi (Markierung 17) in 1½ Std.

Der Blick auf den Ortler von der Veranda der Furkelhütte ist der Höhepunkt eines erfüllten Wandertags vom Stilfser Joch, eventuell über den Dreitausender Rötlspitz. Stundenlang haben wir den Eis strahlenden Ortler vor Augen, seine dräuenden Gletschermassen, erkennen selbst ohne Fernglas einzelne Bergsteiger als schwarze Punkte, die der Normalroute folgend ab der Payerhütte dem Gipfel zustreben.

Ermöglicht wird unsere Tour im geschilderten Zirkel – so sehr man über das Stilfser Joch schimpft – durch die Königin der Südtiroler Pässe. Die Geschichte der neuzeitlichen Straße wurde zwischen 1820 und 1825 geschrieben, als Österreich sie trassierte und die kürzeste Verbindung von Tirol in die Lombardei schuf, die bis 1856 zur Monarchie gehörte. Leitender Ingenieur war ein Lombarde: Carl Donegano aus Brescia. Ihm verlieh der Kaiser in Wien den Adelstitel »Nobile di Monte Stevia«. Bis 1936 markierte das Joch (2758 m) die höchste Alpenstraße, inzwischen ist es der zwölf Meter höhere Col de l'Iseran in den französischen Meeralpen.

Der Urweg über das Stilfser Joch hieß Wormisionssteig, ausgehend von Bormio, dem früheren Worms, durch das Valle del Braulio zum Joch, anschließend in Übereinstimmung mit dem heutigen Wanderweg 20 vorbei am Goldsee zum Kleinboden (Furkelhütte) und über die Stilfser Höfe nach Prad. Auf diesem Pfad marschierten 1499 Truppen des Herzogs von Mailand zur Verstärkung im Engadiner Krieg bei Glurns-Taufers, 1633 zogen sogar 12000 Mann Infanterie und 1600 Pferde ins Trafoier Tal.

Stilfser-Joch-Höhenweg

STILFSER JOCH – eine Bergwelt, beerdigt unter Schlafbunkern, unter Beton, Parkplätzen, Andenkenläden, Pommes-frites-Buden, vernebelt von Auspuffgasen.

Gegenüber dem Hotel Perego, neben einem Kiosk mit Markierung 20 die Stufen hoch, vorbei am verlassenen Haus der italienischen Finanzwache in zehn Minuten auf die platte, im Frühsommer 1915 von Österreich befestigte DREISPRACHENSPITZE (2841 m), Treffpunkt der Sprachen Deutsch (Südtirol), Italienisch (Veltlin/Lombardei) und Rätoromanisch (Graubünden/Schweiz).

Touristik

AUSGANGSORT: *Trafoi (1543 m). Sommer- und Winterurlaubsort im gleichnamigen Tal nordwestlich des Ortlers. Von Spondinig (Vinschgauer Staatsstraße) 16,5 km, Busse.*

AUSGANGSPUNKT: *Stilfser Joch (2758 m), Pass nordwestlich des Ortlers, Wasserscheide zwischen Etsch und Adda, Provinzgrenze Bozen-Sondrio. Von Trafoi 14,5 km, erster Bus ab Trafoi zwischen Juli und Mitte September gegen 8.45 Uhr.*

INFORMATION: *Tourismusbüro I-39020 Trafoi. Tel. + Fax 0473/611677, E-Mail: sulden@suedtirol.com, Internet: www.sulden.suedtirol.com.*

Durch die Kriegserklärung Italiens am 23. Mai 1915 entstand in den Ortleralpen ein Teil der Front aus Fels und Eis bis hin zu den Karnischen Alpen. Im damaligen Hotel Dreisprachenspitze kontrollierten eidgenössische Sicherheitsbeamte das Geschehen. Österreich schob seine Stellungen auf einer Länge von zehn Kilometern so nah wie möglich an die Eidgenossen heran, um »unter dem Schutz der Neutralität die wichtigsten Baracken und Unterkünfte zu erreichen, welche von der Feindesseite, da die Geschossflugbahnen neutrales Gebiet nicht kreuzen durften, nicht wirksam, höchstens nur ganz schräg, beschossen werden konnten« (Freiherr von Lempruch, in »Der König der deutschen Alpen und seine Helden« zur Situation).

»Paesaggio fantastico«, sprudelt Umberto, der Wirt des Rifugio Garibaldi, begeistert hervor, als ich mich nach dem Zustand des Höhenwegs erkundige. Einfach »bello«!

Vom Rifugio schwach nordöstlich parallel zur Schweizer Grenze über den stumpfen Breitekamm. Links des Wegs gedenkt eine Marmortafel der damaligen Verteidiger.

Nach 20 Minuten erreichen wir die Mulde des ehemaligen LEMPRUCH-LAGERS, einer frontbezogenen Etappe. Verrostete, deformierte Konservendosen liegen herum, Stacheldrahtreste, Blechfetzen undefinierbarer Herkunft; Mauerwerk, halb verschüttete Schützen- und Laufgräben, geröllgebündelte Drahtkonstruktionen als künstliche Böschungen zeugen von Wehrbereitschaft. Eine Kuppe deckte die Mulde gegen Einsicht durch italienische »Alpini« auf der Trafoier Eiswand sowie vor Artilleriegeschossen. »Für das Wohlbefinden der Besatzung wurde durch Erholungsräume, einen Kantinenbetrieb, durch Anlage eines Bades, eines gut eingerichteten Hilfsplatzes, zahlreiche Menageaufzüge (Essensaufzüge, Anm. d. Verf.) zu den Stellungen und ähnliche Annehmlichkeiten gesorgt. Auch eine Nutzwasserzisterne wurde geschaffen und durch den Abfluss aus den Schneefeldern gespeist«, betont Lempruch. Bedingt durch den Vielvölkerstaat der Monarchie erfolgte die Ausgabe der Tagesbefehle in neun Sprachen. Das mit Strom versorgte Barackendorf bestand aus 80 Objekten, beispielsweise einem kleinen Garten. Von idyllischen Zuständen konnte

Blick von der Terrasse der Furkelhütte auf den Ortler.

allerdings keine Rede sein. Winters sanken die Temperaturen zeitweise bis minus 44 Grad ...

Hinter dem Lempruch-Lager verschmälert sich der Weg. In fünf Minuten sind wir etliche Meter unterhalb einer Einsattelung vor dem Gipfelaufbau der Rötlspitz (siehe »Ruckzuck-Dreitausender«). Der Weiterweg führt zu einer Geländeschulter, um in die anschließende Mulde einzuschwenken. Im Geröllkessel ruht der seichte, ab September gewöhnlich ausgetrocknete GOLDSEE (2078 m).

Ungefähr eine Stunde nach dem Stilfser Joch teilen sich die Wege am Ostrücken der Korspitze. Rechts führt Nummer 21 an verfallenen Militärbauten vorbei nach Trafoi, während wir uns links halten auf dem oberen Hangpfad – 6,5 Kilometer Luftlinie vom Ortler entfernt. Eine Mulde nach der anderen wird ausgegangen. Teilweise haben kleine Firnfelder überlebt, auf denen Schafe Kühlung suchen. Vor hohen Lawinenzäunen zeigt eine Holztafel in Richtung Furkelhütte, die wir erstmals sehen und die noch eine Stunde entfernt ist.

Obwohl der Steig nun spürbar an Höhe verliert, behält er seine Reize. Im Tal wird die Kirche von Trafoi sichtbar. Und nach insgesamt zwei Stunden beschert das DRUSEGG einen Ausblick ersten Ranges. Anhaltend die Weißkugel vor Augen, setzen wir den Abstieg fort. Zum wiederholten Male traversieren wir eine Mulde: An ihrem Auslauf zeigt sich dann ein völlig anderes Bild: grasverdrossene Skihänge, kalt-starres Eisen von Liftmasten. FURKELHÜTTE (2153 m). Das erste Weißbier zischt durch die Kehle, das zweite ebenso. Scheinbar ans Firmament stoßend die Ortlerspitze. Erinnerungen werden wach: zehnte Durchsteigung der Ortler-Nordwand, 30 Jahre nach der Erstdurchsteigung. Beim Abstieg Biwak auf dem Gletscher – angefrorene Zehen. Ein anderes Mal nach der Monte-Zebrù-Nordostwand als Eiger-Nordwand-Vorbereitung die Begehung des Ortler-Hochjochgrats – Biwak auf dem Hintergrat.

Fräulein, bitte noch ein Weißbier ...

Zugabe: Ruckzuck-Dreitausender

Vom STILFSER-JOCH-HÖHENWEG sind es hin und zurück gerade mal 50 Minuten auf die RÖTLSPITZ (3026 m), und zwar ab der erwähnten Einsattelung. Von dort leitet rechts ein rotweiß markierter Pfad kurz steil empor. Rechts um die Felsecke, die schotterige, felsdurchsetzte Südostflanke des Bergs ansteigend queren, in 15 Minuten zum abgeflachten Nordostrücken. Links (westlich) auf deutlichem Weglein – Grenzstein von 1911 – empor zum Vorgipfel (3020 m) und durch ein Schärtchen hinüber zum Steinmann des höchsten Punkts der RÖTLSPITZ, hier sind wir bereits auf dem Boden des schweizerischen Kantons Graubünden.

Unbezahlbar die Aussicht: südwestlich, rechts des Monte Braulio, die Firndiademe der Bernina, nordöstlich die Ötztaler Alpen von der Weißkugel über den Similaun, im Osten Tschengelser Hochwand, Angelus, Vertainspitze. Alle überragt der Ortler. Dahinter erscheinen der Monte Zebrù und der Suldengrat der Königsspitze. Im Anschluss des Ortlerpasses die Eiskögelen, die herausfordernde Thurwieserspitze, Schneiden und Flanken der Trafoier Eiswand, etwas vorgeschoben die drei Madatschspitzen, am Grenzkamm Tuckett-, Payer- und Geisterspitze, von der die Provinzgrenze schnurgerade ins Stilfser Joch zieht.

Der Ortler vom Abstieg auf dem Stilfser-Joch-Höhenweg zur Furkelhütte.

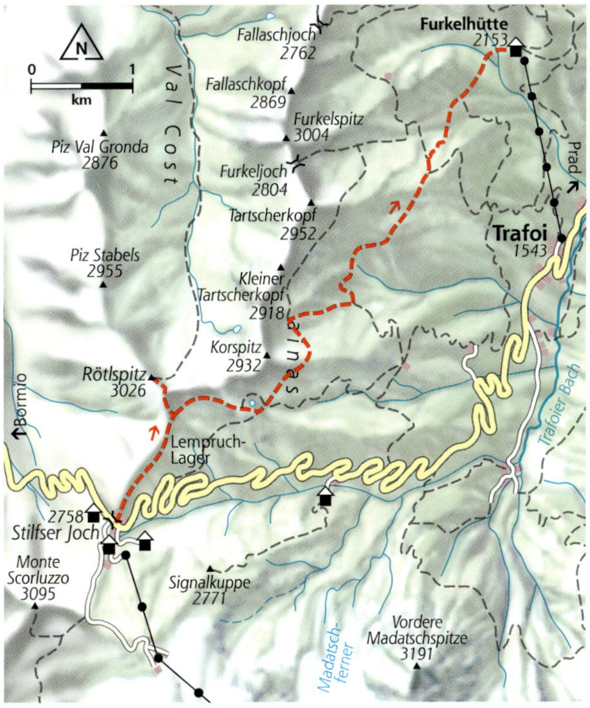

Hüttenweg-Stenogramm

ANFORDERUNGEN: *Unschwierige Hochgebirgswanderung, kein Schatten.*

MARKIERUNGEN: *Wegweiser, rotgelbe und rotweiße Farbzeichen. Gehzeit: Stilfser Joch–Furkelhütte 2¾ bis 3 Std. Abstieg nach Trafoi etwa 1 Std.*

STEIGUNG: *Etwa 100 m.*

KARTE: *Mapgraphic 1:25 000, Blatt 4.*

39 Hintergrathütte 2661 m

Stützpunkt für Ortlerbesteigungen und idealer Ausgangspunkt des Suldener Höhenweges: die Hintergrathütte.

Hintergrathütte

Südlich von Sulden am Auslauf des Ortlerhintergrats; Nationalpark Stilfser Joch. Bergführerverein Sulden. Tel. 0473/613188, Tel. Tal 0473/613240. Bewirtschaftet Mitte Juni bis Anfang Oktober. 8 Betten, 38 Matratzenlager, 40 Notlager. Winterraum, Schlüssel beim Hüttenwirt Ulf Gutgsell, Hauptstraße 146, Sulden. Von Sulden/alte Kirche 3 Std., von der Sulden-Seilbahn-Mittelstation 1½ Std., Betriebszeiten 8.30–17.00 Uhr. Von der Bergstation des Langenstein-Sessellifts 1¾ Std.; Betriebszeiten 8.30–16.00 Uhr.

Sobald der Anreisende den Reschenpass hinter sich hat, besticht und begeistert im Süden der schneeweiße Dreikant des Ortlergipfels, der Luftlinie rund 40 Kilometer entfernt ist. Mit dem Eintauchen in den Vinschgau, nach dem romanischen Mals, entrückt der Zauber wie eine Fata Morgana. Erst kurz vor Sulden ist der Koloss wieder zu sehen. »Der Ortler galt unseren Vorfahren als heilig«, weiß der Heimatkundler Thöni.

Am Auslauf des Ortler-Hintergrats ließ der russische Staatsrat Bäckmann, ein Verehrer der Ortlerberge und Erstbegeher des Grats Trafoier Eiswand–Thurwieserspitze, bekannt als Bäckmanngrat, auf eigene Kosten im ausklingenden 19. Jahrhundert eine Hütte errichten und schenkte sie den Suldener Bergführern. Die Bäckmann-Hütte zerbarst im Ersten Weltkrieg unter italienischen Granaten. Etwa 55 Meter oberhalb entstand durch Suldener Bergführer die Hintergrathütte, vorrangig als Basis für Ortlerüberschreitungen, da es noch keine Aufstiegshilfen gab. Die Hüttensituation am höchsten Berg Südtirols (3899 m) sah folgendermaßen aus: 1875 war auf 3020 Meter die Julius-Payer-Hütte entstanden, »welche bald die Zahl der Besucher nicht mehr fassen konnte«, hieß es damals. Bauherr war die Alpenvereinssektion Hamburg. 1884 finanzierte deren hochverdienter Vorstand Dr. Ferdinand Arning die Berglhütte oberhalb von Trafoi. Schließlich erwarb die Sektion 1888 die zwölf Jahre vorher von der Wiener Alpinen Gesellschaft Wilde Bande erstellte Schaubachhütte.

In unseren Tagen streben beobachtungsgemäß der Hintergrathütte mehr Ausflügler als Hochalpinisten zu. Der grandiose Aufblick in die unvergleichliche Königsspitzenordwand, die vielleicht schönste Eiswand der Alpen, ist Grund genug; rechts davon der weniger berauschende Monte Zebrù. Er neigt sich rechts ins vergletscherte Hochjoch, in dem der Hochjochgrat, meiner Meinung nach die brüchigste Ortlerroute, ansetzt. Erkennen Sie am Gipfel der Königswand die Wächte? Jedes Mal, wenn die »Schaumrolle« nach Jahren des Aufbaus durch Wind und Schnee abbricht und durch die Nordwand rast, ist bei der Hintergrathütte der Sog zu spüren.

Hans-Ertl-Weg von Sulden

Das Hotel Eller ist eine der großen Absteigen in Sulden. Früher, während der zweiten Hälfte des 19. Jahrhunderts, da Sulden als »tirolische Tartarei« galt, saßen auf der Bank vor dem ersten Hotel die Führer und warteten auf ihre »Herren«. 1881 erlegten Jäger den letzten Bär. Im gleichen Jahr erreichten 183 Menschen den Gipfel des Ortlers.

Beim Hotel Eller träumt die kleine, möglicherweise ins 13. Jahrhundert zurückreichende vormalige Pfarrkirche vor sich hin. Auf dem Gottesacker finden sich etliche Epitaphien und Grabsteine aus Laaser Marmor. An der Nordwand ein Christophorus-Freskofragment.

Nahe am Waldrand informiert eine Übersichtstafel der Landes-, Forst-und Domänenverwaltung Sulden.

Wir nehmen links Wegnummer 7 und spazieren 30 Minuten neben dem Suldenbach her. In Höhe der Suldenbahn-Talstation nicht links über den Bach, sondern diesseits ansteigen auf dem Hans-Ertl-Weg. Er ist dem Münchner Hans Ertl (1908–2000) gewidmet, meinem Kameraden in der DAV-Sektion Berggeist, Erstdurchsteiger 1930 bzw. 1931 der Königsspitze- und Ortler-Nordwand, und trägt die Markierungsnummer 2A. Sie stößt nach ungefähr einer Stunde oberhalb der felsigen Talstufe Legerwand auf den von links (Seilbahn-Mittelstation) kommenden, gelbrot bezeichneten Weg 2. Bis hierher reichte um 1820 der Suldenferner.

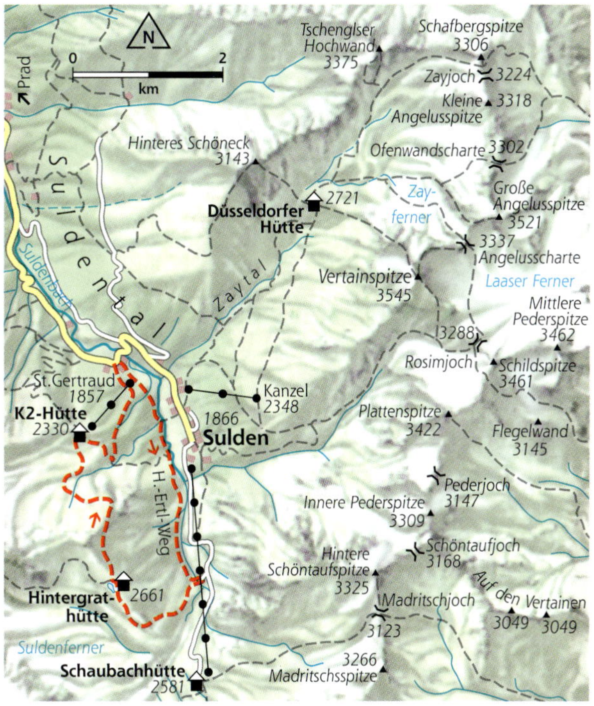

Rechts weiter. Der Pfad schlängelt sich durch eine öde, steinige, typische Hochgebirgszone. Halblinks oben sehen wir auf einem Vorsprung die Schaubachhütte; dahinter leuchten die Gletscherfelder des Cevedale. Westlich, droben auf dem Grat, ist das Dach der Hintergrathütte zu erkennen. Langsam tritt imponierend die Königswand, die Nordwand der Königsspitze, ins Blickfeld – immer mächtiger. Beim ersten, kleinen See (2593 m) stand oberhalb des Ostufers die erwähnte Bäckmann-Hütte. Jetzt sind es nur mehr gut fünf Minuten bis zur Hintergrathütte (2661 m). Von Sulden drei Stunden.

Zugabe: Suldener Höhenweg

Die Karten sprechen vom »Morosiniweg«, der Verbindung Hintergrathütte–Langenstein oder umgekehrt. In Bergsteigerkreisen ist es seit eh und je der Suldener Höhenweg. Er wird instand gehalten vom Suldener Bergführerverein, um den Besuchern des »Chamonix von Südtirol«, die keine Bergsteiger mit Steigeisen, Seil und Pickel sind, einen hochalpinen Hauch zu vermitteln. Denn Ortler, Königsspitze, Monte Zebrù, Vertainspitze oder Hoher Angelus sind fraglos verhältnismäßig schwierige Touren.

Der Suldener Höhenweg erfordert ab Hintergrathütte einen kurzen Anstieg. Weg Nummer 3 führt am Geröllhang fast eben dahin. Exponierte Passagen sind mit Draht- und Perlonseilen gesichert. Jedoch kein Weg für Unachtsame! Östlich gewinnen wir Einblicke ins Zaytal, wo die Düsseldorfer Hütte bergsteigerische Hoffnungen entfacht (Wanderung 40). Nach insgesamt einer Stunde werden wir von einem riesigen Geröllkessel aufgenommen. Der Steig durchzieht den Moränenschutt. Linkerhand, zwischen Marltgrat (rechts) und Hintergrat, lagern die Reste des End'-der-Welt-Ferners. Im Sagenkreis endete in diesem lichtarmen Winkel die Welt und es begann das Jenseits, die Geistersphäre, das Überirdische.

Der Dachgiebel des Ristorante K 2 (2330 m) taucht auf. Die Hütte steht auf dem Langenstein, der Bergstation des gleichnamigen Sessellifts von Sulden. Er bietet die kürzeste Rückkehr. Auf Wegnummer 3 dauert es etwa eine Stunde, die vorderste Moräne des End'-der-Welt-Ferners passierend, den Kaserbach überschreitend, in weiten Kehren durch Lärchen- und Zirmwald nach Sulden.

Hüttenweg-Stenogramm

ANFORDERUNGEN: *Unschwierige Rundtour, kein Schatten. Auf dem Suldener Höhenweg ist Trittsicherheit und Schwindelfreiheit erforderlich. Gewagt bei Altschneeresten.*
MARKIERUNGEN: *Wegweiser, rotweiße und rotgelbe Farbzeichen.*
GEHZEITEN: *Sulden-Hintergrathütte etwa 3 Std. Abstieg Suldener Höhenweg-Langenstein 2 1/2 Std. Die Tour kann bei Benutzung der Sulden-Seilbahn um 1 1/2 Std. Aufstieg, bei Benutzung des Langenstein-Sessellifts um 1 Std. Abstieg verkürzt werden.*
STEIGUNGEN: *Knapp 900 m.*
EINKEHR UNTERWEGS: *Hintergrathütte, Ristorante K 2.*
KARTE: *Mapgraphic 1:25 000, Blatt 4.*

Touristik

AUSGANGSORT: *Sulden (1866 m), Sommer- und Winterfremdenverkehrsort im oberen Suldental, Fraktion der Gemeinde Stilfs. Von Gomagoi/Stilfser-Joch-Straße 11 km, von Meran 68 km, vom Reschenpass 50 km, Busverbindungen.*
SEHENSWERT: *An der oberen Ortsein- bzw. -ausfahrt der Komplex Yak & Yeti, Winterquartier der Yaks (siehe Wanderung 40), Gaststätte. Dabei sozusagen als Ansichtsexemplar die 1999 am Hochferner abgetragene Günther-Messner-Biwakschachtel (siehe Wanderung 2).*
INFORMATION: *Tourismusbüro I-39029 Sulden. Tel. 0473/613015, Fax 0473/613182, E-Mail: sulden@suedtirol.com, Internet: www.sulden.suedtirol.com.*

Eine exponierte Passage des Suldener Höhenweges. Im rechten Bildteil die Mulde des oberen Zaytales (Düsseldorfer Hütte).

40 Düsseldorfer Hütte 2721 m

Düsseldorfer Hütte

(ital. Rifugio Alfredo Serristori), 2721 m. Ortleralpen-Nationalpark Stilfser Joch. Nordöstlich von Sulden im Zaytal. CAI-Sektion Milano. Tel. 0473/613115, Tel. Tal 0473/613005. Bewirtschaftet ab der Karwoche drei Wochen sowie letzte Juniwoche bis Anfang Oktober. 30 Betten, 35 Matratzenlager, 10 Notlager. Winterraum (8 Lager), Schlüssel beim Hüttenwirt in Sulden, Haus Alpenfriede. Von der Kanzellift-Bergstation 1½ Std. Von Sulden/Hotel Zebrù 2½ Std., Wegezeiger neben der einstigen Talstation des Kanzellifts, erreichbar mit Wegnummer 6.

Ich traue kaum meinen Augen: Hinter der Düsseldorfer Hütte weiden im Spätsommer, zwischendurch tiefe Grunzlaute ausstoßend, Yaks, stattliche, am Bauch zottelhaarige Tiere aus Tibet, Rinder der zentralasiatischen Hochländer, wo ihnen die Ausrottung droht. Reinhold Messner hat den Kolossen 1985 eine neue Heimat gegeben und somit Sulden, ihr Winterquartier (Pfingsten 2002: 17 Tiere), um eine Attraktion bereichert. Diese Tourismusattraktion ist im Gegensatz zu dümmlichen Freizeit- und Abenteuereinrichtungen, mit denen andernorts animiert wird, ökologisch einwandfrei vertretbar.

Auf der Düsseldorfer Hütte, die am 24. August 2002 ihr 110-jähriges Jubiläum feierte, führt die alteingesessene Bergführerdynastie Reinstadler in der vierten Generation Regie. Der erste Reinstadler war in der zweite Hälfte des 18. Jahrhunderts aus Platt im hintersten Passeiertal zugewandert. 1892 hatte die Unterkunft fünf Betten in drei Zimmern, sechs Matratzenlager im Obergeschoss, »unter dem Dache Lagerstätte für Führer und Wohnraum für die Wirthschafterin«. Allerdings unterkellert, Parterre waren die Küche, das Speisezimmer und die Führerstube. Das Tourengebiet der Hütte schlummerte bis dahin im Abseits, obwohl bereits sämtliche Gipfel im eindrucksvollen Halbkreis des mit Moränenschutt gefüllten und nordseitig von Gletschern gepanzerten Hochtals bestiegen waren.

Der »Reitweg« begann beim Suldenhotel und führte am Völlensteinhof vorbei ins Zaytal. Dort bauten Knappen vom 14. bis 18. Jahrhundert Eisenerz ab. Die Verhüttung fand im Völlensteinhof sowie draußen in der »Schmelz« von Prad statt. Im Eröffnungsjahr des Schutzhauses wurde die Straße Gomagoi–Sulden fertig gestellt, ausgebaut auf drei bis vier Meter, als »Hofmannsstraße«: Baron Leopold von Hofmann, Legat im österreichischen Finanzministerium und langjähriger Präsident der Wiener Alpenvereinssektion Austria, vermachte dem Bauherren, der Alpenvereinssektion Meran, testamentarisch 24000 Kronen. Als Motor der infrastrukturellen Maßnahmen darf bei dieser Gelegenheit der gebürtige Langtauferer, ab 1863 in Sulden als Seelsorger wirkende Kurat Johann Eller nicht vergessen werden.

Trotz Besitzerwechsel bzw. Enteignung 1922 durch den Faschismus sowie Umbenennung in Rifugio Al-

Erich-Otto-Steig auf die Tschengelser Hochwand.

Gegenüberliegende Seite: Düsseldorfer Hütte mit Ortler.

fredo Serristori durch die CAI-Sektion Mailand blieb es unter Deutschsprachigen bei Düsseldorfer Hütte. Walter Reinstadler setzte die Tradition seines unvergessenen Vaters Otto, der 44 Jahre Hüttenchef war, fort. Beide pinselten eigenhändig zuverlässige Markierungen und versahen mehrere Routen – Tschengelser Hochwand, Hoher Angelus, Vertainspitze – in kritischen Passagen mit Sicherungen. Allerdings bleiben die Zaytal-Hauptgipfel mit Ausnahme der Tschengelser Hochwand den Geübten vorbehalten.

Ins Zaytal

Von Sulden (1845 m) bringt uns der Sessellift zur Kanzel (2350 m). Die Königswand erstrahlt überirdisch im hellen Licht des frühen Tages. Den Ortler konturieren seine Grate, ziselieren Rippen, Rinnen, Schluchten.

Der mit Nummer 12 markierte Panoramaweg verläuft zunächst auf breiter Trasse. Nach fünf Minuten sehen wir über einer Geländestufe im Zaytal die Düsseldorfer Hütte. Links oberhalb, am Auslauf eines scharf gezackten Felskamms, lokalisieren wir das Hin-

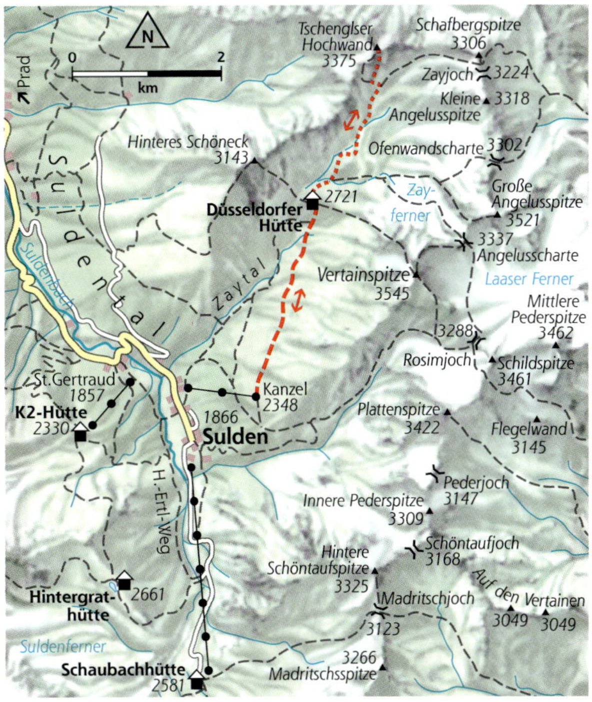

Hüttenweg-Stenogramm

ANFORDERUNGEN: *Unschwierig, frühmorgens schattig.*
MARKIERUNGEN: *Wegweiser, Rotweiße Farbzeichen.*
GEHZEITEN: *Aufstieg 1 1/2 Std., Abstieg 1 Std.*
STEIGUNG: *380 m.*
KARTE: *Mapgraphic 1:25 000, Blatt 4.*

40 Düsseldorfer Hütte

Yaks bei der Düsseldorfer Hütte.

Abbildung rechts: Bei der Düsseldorfer Hütte mit Königsspitze-Nordwand (links) und Ortler.

Touristik

AUSGANGSORT: *Sulden (1866 m, Fremdenverkehrsort im oberen Suldental, Fraktion der Gemeinde Stilfs. Von Gomagoi/Stilfser-Joch-Straße 11 km, von Meran 68 km, vom Reschenpass 50 km, Busverbindungen. Fußgänger zur Kanzel parken am besten vor dem Hotel Monte Zebrù.*

SEHENSWERT: *An der oberen Ortsein- bzw. -ausfahrt von Sulden befindet such das Ensemble Yak & Yeti, Winterquartier der Yaks, Gaststätte. Dabei als Ansichtsexemplar die 1999 am Hochferner abgebaute Günther-Messner-Biwakschachtel (Hochfernerbiwak); siehe auch Wanderung 2.*

AUSGANGSPUNKT: *Kanzel (2350 m). Bergstation des 1997 neu errichteten Sessellifts von Sulden. Talstation beim Freizeitzentrum (u. a. Tennishalle). Betriebszeiten Ende Juni bis Anfang Oktober 8.30–17.00 Uhr.*

Zu Fuß von Sulden ($1^1/_2$ Std.): Vor dem Hotel Zebrù mit Wegnummer 6 scharf rechts zur ehemaligen Sessellift-Talstation. Dort links. Kurz darauf rechts wie Markierung 15.

INFORMATION: *Tourismusbüro I-39029 Sulden. Tel. 0473/613015, Fax 0473/613182, E-Mail: sulden@suedtirol.com, Internet: www.sulden.suedtirol.com.*

tere Schöneck als eine unansehnliche Erhebung; es ist jedoch mit 3143 Metern das »leichteste« Gipfelziel um die Düsseldorfer Hütte.

Etwa zehn Minuten vor dem Erreichen der Hütte mündet links der »Reitweg«, etwa $2^1/_4$ Stunden von Sulden. Etliche Kehren, und wir gewinnen die DÜSSELDORFER HÜTTE (2721 m). Der Boden gibt Gletscherschliffe frei. Eine Tafel benennt die Berge rundherum. Südöstlich erhebt sich der rund einen Kilometer lange Nordwestgrat der Vertainspitze (3545 m), wo im Sagenhimmel die Feen die Seelen ihrer verstorbenen Männer besucht haben sollen ... Lassen Sie sich von den zum Grat leitenden gelben Farbklecksen nicht verführen: Es warten Passagen des dritten Schwierigkeitsgrads und lediglich zehn Meter Drahtseil. Die Tücken des »Walter-Steig« (nach Hüttenwirt Walter benannt) liegen im Zugang, dem Aufstieg in die Angelusscharte: 45 Grad Eis, das durch den Gletscherschwund steiler wird. Im Osten schwingt sich der Nordwestgrat des Hohen Angelus elegant hoch. Die »Reinstadlerroute« (Sicherungen durch Otto Reinstadler) weist in dem von der Hütte einzusehenden Gratvorbau zwei Drahtseile von jeweils zehn Meter Länge auf, Schwierigkeitsgrad I, maximal II und Eis bis 35 Grad. Der Firngrat ist eine Freude, vergleichbar dem Biancograt des Piz Bernina!

Zugabe: Erich-Otto-Steig

Auch die Ortleralpen haben ihren Klettersteig – profitabel für die Düsseldorfer Hütte. Denn Vie ferrate fördern überall den Umsatz. Die Väter des Steigs waren Otto Reinstadler und dessen Stuttgarter Stammgast Erich Groll, also heißt er Erich-Otto-Steig und befindet sich in der 400 Meter hohen, gegliederten Südwand. Diese wurde erstmals im Mai 1899 vom Suldener Führer Hans-Sepp Pinggera zusammen mit Georg Löwenbach und A. Kuntner durchklettert.

Hinter der Hütte laufen wir gelb markiert in die Mulde der Zaytalseen. Nach fünf Minuten an der Gabelung (rechts gelbrot bezeichnet zum »Angelus«) links. Die ausgetretene Spur erschließt haushohe Moränenwälle und grobes Blockwerk mit teilweise instabilen Blöcken. Ziel ist das sichtbare Kreuz der Tschengelser Hochwand. Sie tritt nun auffallender hervor. Links ihres gelblich rötlichen Stocks empfängt uns eine breite Geröllrinne. Kehrenreich hoch zur beschilderten Rechtsabzweigung (ca. 3000 m) des Otto-Erich-Steigs, auf der Tafel mit »Neuer Weg« beschildert. Von der Hütte knapp $1^1/_4$ Stunden; zum Gipfel noch 50 Minuten. Etwas höher lehnt die erste kurze Eisenleiter am Fels, danach ein Drahtseil. Anfangs hält sich der Steig links der pfeilerähnlichen Südwand, der breiten Geröllrinne zugewandt. Später schwach rechts haltend und auf den Gipfelgrat der TSCHENGELSER HOCHWAND (3375 m).

Register

Kursive Seitenzahlen verweisen auf Abbildungen.

Literaturtipps zu Südtirol

Bergsteiger Extra Südtirol, Bruckmann München 2000;
Udo Bernhart/Robert Asam: *Bruckmanns Länderporträts* Südtirol, Bruckmann München 2002;
Attilo Boccazzi-Varotto: Dolomiten 360 °, Panoramaaufnamen, Bruckmann 1999;
Helmut Dumler: *Wandern kompakt* Südtirol – Schlösser und Burgen, Bruckmann München 2001. – Höhenwege in den Dolomiten. Bruckmann München 2003;
Manfred Föger, Helga Pegoraro: *Wandern&Erleben* Südtirol, Bruckmann 2001;
Eugen E. Hüsler: *Wandern kompakt* Dolomiten, Bruckmann München 2001;
Eugen E. Hüsler: Klettersteigführer Dolomiten, Bruckmann München 2001;
Eugen E. Hüsler: Bergwanderatlas Alpen, Bruckmann München 2002;
Peter Mertz: *Naturwanderführer* Südtirol, Bruckmann München 1999;
Bernd Ritschel/Eugen E. Hüsler: *Bruckmanns Länderporträts* Dolomiten, Bruckmann München 2002;

Videotipps zu Südtirol

Meraner Höhenweg
Herrliches Grödnertal
Eindrucksvolle Tofane
Sextener Dolomiten
Der Südtiroler Weinweg
alle Bruckmann München.

Impressum

Titelfotos:
Oben: St. Magdalena im Villnößtal vor der Kulisse der Geislerspitzen.
Unten: Die Zsigmondy-Comici-Hütte (Mitte), Wanderer bei der Rast (unten).
Umschlagrückseite: Das Rittner-Horn-Haus.
Abbildung Seite 2/3: Die Dreizinnenhütte in den Sextener Dolomiten.
Abbildung Seite 6/7: Der Riesenleib des Langkofels von Nordosten. Links die Einsattelung des Sellapasses.
Abbildung Seite 14/15: Hinteres Villnößtal: St. Johann, beherrscht von den Geislerspitzen, aus denen das Horn der Furchetta (links) und die stumpfe Pyramide des Sass Rigais hervorragen.
Abbildung Seite 124/125: Pomagagnon, von Südosten

Bildnachweis:
O. Bolch: S. 5 o., 10, 14/15; D. Fuchs: S. 63, 67, 68, 69, 124/125;
Bildagentur Huber/Eigstler Garmisch-Partenkirchen: Titelfoto oben;
Bildagentur Mauritius/Tappeiner: Titelfoto unten; I. Kürschner: S. 6/7, 8/9, 17;
W. Rauschel: S. 106, 107; B. Ritschel: S. 2/3, 4 (3), 5 u., 13; alle übrigen Fotos: Helmut Dumler.

Umschlaggestaltung: Studio Schübel, München
Lektorat: Heinrich Bauregger
Layout & Satz: Rüdiger Wagner, Nördlingen
Routenkarten und Übersichtskarte: Ingenieurbüro Christian Rolle, Umweltkartographie und Geoinformationstechnik, Holzkirchen

Für Hinweise und Anregungen sind wir jederzeit dankbar.
Bitte richten Sie diese an: Bruckmann Verlag GmbH, Lektorat, Innsbrucker Ring 15, 81673 München

Die Deutsche Bibliothek – CIP Einheitsaufnahme
Ein Titelsatz für diese Publikation ist bei Der Deutschen Bibliothek erhältlich.

Gesamtverzeichnis gratis
Bruckmann Verlag GmbH, Postfach 80 02 40, 81602 München

Internet: www.bruckmann.de
www.bergsteiger.de – Touren, Bergwetter, Aktuelles, alpine Links

aktualisierte Neuauflage

Printed in Italy by Printer
ISBN 3-7654-3678-X